Georges Lahy

Éclats d'Infini

*Voyage au cœur de l'Être
et des mystères de l'existence*

© 2023 Admata
www.lahy.fr
Tous droits de reproduction et de traduction réservés pour tous pays.
ISBN 978-2-917729-86-1

TABLE DES MATIÈRES

1. Immersion dans l'instant Éternel 23
    Naviguer entre plaisir et douleur 23
    Présence au moment présent 23
    L'Essence de la réalité temporelle 24
    Éternelle présence au présent 24
    Constance de l'Être malgré les fluctuations 24
2. Sur le chemin de la lumière éternelle : *La méditation mystique* 25
    La croisée des réalités 25
    La véritable source de lumière 25
    La quête de connexion avec l'Infinie Lumière 26
    L'élévation spirituelle 26
    Le monde au-delà des ombres 26
    La lumière éternelle 27
3. L'œuvre du Tiqoun Ôlam : *Lumière de l'âme, réparation du monde* 27
    Introduction à la vérité kabbalistique 27
    La nature infinie et la réalité voilée 27
    Le brisement comme invitation à la reconstruction 28
    L'essence de la réparation : au-delà du tangible 28
    Le chemin personnel vers le *Tiqoun Ôlam* 28
    La convergence de la vie et la mission sacrée 28
    L'appel à l'action : l'engagement lumineux 29
4. Les secrets du *tséirouf* : *La rotation des lettres et la Lumière de la Création* 29
    La fusion des lettres et la Création 29
    Origine et brisure des paroles 30
    La méditation dynamique et le *guilgoul* des lettres 30
    La lumière guidant la quête intérieure 31
5. Les arbres mystiques : *Lumière, dualité et la quête de la Shekhinah* 31
    L'arbre de vie : rayonnement d'Infinie Lumière 31
    L'Arbre de la Connaissance : Le défi de la dualité 32
    La tentation du sur-effort 32
    La méditation : chemin vers la Shekhinah 32
6. L'éclat intérieur : *Sur les voies de la Sagesse suprême* 33
    L'essence vivifiante 33
    L'aspiration à la justice 33
    Le chemin de la lumière 34
7. Éclats de Lumière : *Le voyage vers l'Essence suprême* 34

    Origine de l'affaiblissement 34
    La véritable source d'énergie 34
    Connaissance et émancipation 35
    La Voie du Renoncement 35
    Méditation et discrimination 36
8. Échos de la Conscience suprême : *Guilgoul de Lumière et d'Être* 36
    Identité et Conscience universelle 36
    Lumière de l'Être 36
    Définition de soi par la négation 37
    Expérience et créativité divines 37
    Harmonie des échos divins 38
    Reconnaissance de la Lumière Intérieure 38
    Quête de l'attention intérieure 39
    Découverte de l'Essence par la négation 39
    Dépasser les définitions pour atteindre l'essence 39
9. De la causalité à l'Infini : *L'entrelacement cosmique des désirs* 40
    La causalité et le cosmos 40
    Interconnexion de l'Univers 40
    Notion du temps et liberté créative 41
    Les contradictions du désir et la véritable essence 41
    Éveil à la vie intérieure 42
    Libération par la Connaissance 42
    Le pur témoin 42
    Influence des forces divines 43
10. L'Odyssée intérieure : *Lumière, être et quête de l'absolu* 43
    L'Illusion de la Causalité 44
    Langage et Réalité 44
    La Lumière de la Connaissance 44
    Être et existence 44
    Perception et réalité 45
11. L'épopée intérieure : *voyage à travers la lumière et l'essence de l'être* 45
    L'écoulement du temps et l'instant présent 45
    Le cycle de la vie et de la mort 46
    La quête de transformation 46
    L'adhésion à l'essence véritable 46
12. Voyage intérieur : *de l'éveil à l'harmonie du Monde* 47
    De l'éveil à l'intériorité 47
    Questionnement sur la normalité 47
    L'harmonie du corps et de l'esprit 47

Transition vers la conscience profonde 48
La quête d'une existence harmonieuse 48
13. Lumière et ombre de la conscience : *Voyage dans les mystères.* 49
    La dualité du plaisir 49
    Porte de la compréhension 49
    Transitoire opposé à éternel 49
    Examen de la conscience 50
    Quête de la pureté 50
    Nature de la conscience 50
    La Conscience dans l'expérience 50
    Perception et réalité 51
    Polir le miroir de la conscience 51
14. L'Éclat mystique : *Entre l'or de la conscience et l'énigme de l'absolu* 52
    L'Or de la Conscience 52
    Mystère de la Création non-conditionnée 52
    La Lumière immobile de la conscience 52
    Le tissu infini de l'interconnexion 53
    La transcendance de la causalité 53
    L'absolu par opposition au relatif 53
    Lumière éternelle 54
    L'illusion des dualités 54
    Souvenir et oubli 54
    Reconnaissance et transformation : 54
    Essence et action 55
15. Retour à l'Infinie Lumière : *La rotation cosmique de l'âme* 55
    Le rôle passif du miroir 55
    La transcendance de l'existence 56
    Le pouvoir libérateur de la méditation 56
    Le témoin éternel des cycles de la vie 56
    L'union avec l'éternel et l'harmonie du Monde 57
    La quête de la source originelle 57
16. La quête de l'Être : *Méditations sur la vérité ésotérique* 57
    La nature illusoire du monde conditionné 57
    La volatilité de l'image de soi 58
    La quête d'auto-identification 58
    Surmonter les conditionnements pour atteindre la vérité 58
17. L'énigme du témoin de l'Infini : *De la Connaissance de l'Inconnu* 59
    L'écho du prophète 59
    La Source de Tout Être 60

La connaissance de l'inconnu 60
18. La Quête ésotérique de la vérité : *Une immersion dans l'être intérieur* 61
    Le miroir de la vérité simple 61
    Le mirage de la non-vérité 61
    Le désir : Une illusion persistante 61
    La nature éphémère du temps 62
    L'essence du soi 62
    Au-delà de la dualité de vertu et de péché 62
    L'impersonnel et le personnel 62
    Un appel à l'éveil 62
19. Vers la lumière intérieure : *Une odyssée de l'âme à travers les désirs* 63
    La nature des désirs et leurs origines 63
    La Suprématie de l'Être infini 63
    L'Univers en réponse à la compassion 64
    L'origine et le potentiel de l'inconnu 64
    Silence, désir et véritable liberté 64
    L'expérience comme voie de Sagesse 65
    La quête de l'Infinie lumière à travers la méditation 65
20. La danse subtile de l'âme et de l'esprit : *Une exploration ésotérique* 65
    L'Art de la Remémoration 65
    Néfésh, le pont mystique 66
    La vraie nature du péché 66
    L'évolution des vertus 66
21. Le souffle mystique : *La révolution intérieure et extérieure* 67
    L'initiation au tséirouf 67
    L'art subtil de l'inconscient 67
    L'écho de l'intérieur 67
    La réalité à travers la négation 68
    L'essence de l'Amour 68
    La force de la foi 68
    Au-delà de l'illusion 68
22. Méditations sur le réel : *Voyage entre le vide et la plénitude* .. 69
    La nature insaisissable du réel 69
    La conscience et l'absence 69
    L'évanescence des proclamations 70
    Le chemin vers la découverte 70
    La dualité de la vie et de la mort 70
    Le lézard, symbole d'isolation 70
    La quête du guérisseur 71

23. Échos de l'Infini : *Méditations sur la quête éternelle* 71
    L'essence de la Félicité (Hédvah) 71
    L'éducation de l'âme 72
    La divine conception 72
    La quête de soi avant le monde 72
    Au-delà de la dualité 73
    La destructive construction 73
24. L'échelle mystique : *L'essence du kabbaliste et la danse de la dualité* 73
    La nature des désirs 73
    L'essence de la conscience 74
    L'existence et la présence 74
    L'erreur de l'orgueil 74
    La maturité spirituelle 75
    La beauté de la dualité 75
    La nature illusoire des rêves 75
    La quête de la vérité 76
25. Méditations sur le retour à l'essence 76
    L'invitation à la négation 76
    Le rôle de l'esprit 76
    Interactions et libération des chaînes 77
    Le pouvoir du désir et ses implications 77
    Le cycle de l'existence et le Témoin d'être 77
    Au-delà de la peur et des attachements 78
    L'action détachée comme chemin de libération 78
26. Les échos de l'Infinie Lumière : *Méditations sur l'essence de l'Être* 78
    Éclat de désir et unité divine 79
    Illusion du moi et la nature éphémère du désir 79
    Perception du monde et conscience universelle 79
    La dualité du rêve et la réalité 79
    La connaissance de soi et l'oubli 80
    Au-delà des états de l'imaginaire 80
    La réalisation du véritable soi 80
    Perception divine et la beauté de la Création 80
    Éveil à l'inaltérable 81
27. L'essence éternelle : *Méditations sur l'être et l'existence* 82
    L'union de l'être et du devenir 82
    La sensation primordiale de l'existence 82
    La source de la joie intérieure 83
    La réalité ineffable 83
    L'éphémère et la dualité 84
    L'éveil spirituel 84

28. Éclat du soi : *Lumière sur l'essence et l'éveil* 84
    Le soi et l'introspection 84
    Éveil à la lumière intérieure 85
    Les pièges de l'identification 85
    La voie de l'humilité 85
    Perceptions et réalité 85
    Destruction et révélation 86
    L'amour et l'unité 86
29. Cheminements de l'âme : *Vers l'Infinie Lumière* 86
    Le voyage et ses illusions 87
    Au-delà du succès et de l'échec 87
    L'éphémérité de la vie 87
    La vraie réalisation 88
    La lumière éternelle 88
30. Échos de l'âme : *Méditations sur l'essence et le destin* 89
    L'origine de la faiblesse mentale 89
    Projections et réalités 89
    Chaos et illusion du moi 89
    Au-delà de la souffrance et du plaisir 90
    Liberté et destinée 90
31. Le miroir de l'âme : *Voyage intérieur et quête de vérité* ... 90
    Solitude éternelle et mort 90
    Usage et détournement de l'intellect 91
    La quête intérieure et réflexion du monde 91
    Nature d'un monde imaginaire et désirs illusoires 91
    Connexion avec la nature profonde 92
    Le piège des institutions et proximité spirituelle 92
32. Éveil mystique : *Voyage à travers la conscience infinie* ... 93
    La conscience éternelle 93
    Lumière et obscurité 93
    La nature illusoire de l'existence 93
    Le soi au-delà des mots 94
    La mort et la liberté 94
    L'art de la discipline 94
    La confiance en l'Être 94
33. Échos de l'éternité : *Voyage vers la paix intérieure et la véritable essence* 95
    L'essence immuable du soi 95
    La fausse notion de la personnalité 95
    La réalisation de la paix éternelle 96
34. Voyage lumineux : *La rotation de l'âme à travers les mystères* 96
    La dualité de la quête 97

L'illusion du bonheur temporel 97
La réalité indescriptible 97
L'art de l'aide véritable 98
L'éveil suprême 98
35. Le chemin lumineux de l'âme : *Dialogues avec le soi intérieur..*
.... 99
 La quête du guérisseur 99
 La force de la confiance 99
 Le flambeau de la foi et du désir 99
 Lumière contre obscurité 100
 L'appel à la liberté 100
 Au-delà des illusions 100
36. Le voyage intemporel : *De l'énigme de l'intellect à l'unicité de l'âme* 101
 La lumière de la conscience 101
 Le théâtre du *dimion* (imaginaire) 101
 Le *guilgoul* de la Vie 102
 L'indicible Vérité 102
 La quête de la *Rouah haQodésh* 102
37. L'odyssée de l'âme : *Du mirage à la réalité éternelle* 103
 La libération par le *tséirouf* 103
 La nature éphémère de la souffrance 104
 Dualité et compréhension 104
 La quête de la vérité 104
 La barrière intérieure 104
38. Sur le chemin de l'éveil : *La quête de vérité et la puissance de la confiance* 105
 La Lumière Suffisante 105
 La foi et l'expérience vécue 105
 L'immersion dans la Vérité 106
 L'offrande de la connaissance 106
 La quête de soi 106
39. Les échos de la sagesse éternelle : *Méditations sur l'être et l'illusion* 107
 La dualité de l'intellect 107
 La perpétuation de la vérité 107
 Réflexions du temps éternel 107
 La quête de la véritable Connaissance 108
 La dualité de l'intérieur et de l'extérieur 108
 La forme et l'essence 108
 L'éveil à la réalité ultime 108
 La mort et l'immortalité 108

La nature de l'Être infini et de soi 109
40. Le théâtre de l'illusion : *Au-delà du voile du monde* 109
    Le miroir de l'illusion...109
    Le regard du spectateur éternel..109
    L'essence de la béatitude 110
    Le jeu infini de la Création 110
    L'éveil de la conscience suprême..110
    La graine de la réalisation...111
41. Vague d'Infini : *Méditations sur la connaissance intérieure et la véritable réalité* 111
    Lumière et renaissance...112
    L'essence infinie..112
    Exploration de l'intellect...112
    L'Être Infini et la connexion intérieure 113
    Le mirage de l'éveil..113
    La véritable réalité..113
42. Reflets de lumière : *Le voyage intérieur du kabbaliste* 114
    Lumière et Conscience...114
    Retour à la Source...114
    La clarté de l'esprit..114
    Immuabilité et Réalité..115
    La Dualité de l'existence...115
    Rupture de l'illusion..115
    L'Amour et la Sagesse..115
43. De l'intellect à l'Infini : *La quête mystique de la guérison intérieure* 116
    Le sacrifice douloureux pour la survie 116
    La sagesse de la méditation et des lettres 117
    L'alignement avec l'Infinie Lumière 117
44. Immortalité de l'essence : *Réflexions d'un voyageur kabbaliste*..
....117
    Le mirage de l'action et de l'inaction 118
    La roue illusoire de la mort...118
    L'ordre intérieur comme prémisse à l'Harmonie du Monde 118
    Au-delà des illusions corporelles 119
    La libération des désirs 119
45. Lumière du cœur : *La quête de l'authentique kavanath halév* 119
    L'essence de la *kavanath halév*...120
    Les illusions de l'imaginaire...120
    L'harmonie du cœur et de la connaissance 120
    L'invitation à l'union intérieure...121

46. Lumière intérieure : *De l'éphémère à l'éternel dans la sagesse* 121
    L'intellect et la Terre sainte 121
    Les mirages de la vie 121
    La quête du bonheur 122
    La réalité suprême et la confiance 122
    Découverte de soi et plénitude 123
47. La clarté silencieuse : *La vérité au-delà des preuves* 123
    L'inutilité de prouver la vérité 123
    L'illusion du consensus 124
    Les conflits et la vérité personnelle 124
    L'interrogation intérieure sur la vérité 124
    La guidance du *shéfâ* 125
48. Le rythme intemporel de l'amour : *Quête, révélation et partage* 125
    La dualité amour-bonheur 125
    Nature profonde de l'amour 126
    L'essence innée de l'Amour 126
    L'ignorance et la révélation 126
49. Sur le chemin de lumière : *Le voyage intérieur* 127
    La sagesse du silence 127
    Laisser-aller et confiance 127
    La nature de l'être et l'intellect 127
    Le *yétsér* (penchant) et la plénitude 128
    La libération et le chemin ésotérique 128
    Le détachement et la transformation 128
    La vision intérieure 128
    L'ascension spirituelle 128
50. Le mystère intérieur : *Le chemin vers la connaissance véritable* 129
    Perception et réalité 129
    Le piège du temps et de l'espace 129
    La quête de soi 130
    Libération par la vérité 130
    L'union avec la Création 130
    Les limites du langage 130
    L'éternelle roue de l'existence 131
    L'appel à la foi 131
    La présence et l'éveil 131
51. De l'illusion à la lumière : *La quête intemporelle de l'âme* 131
    Le mirage des rêves 132
    L'intention d'éveil 132

La prise de conscience 132
L'univers et l'Amour inconditionnel 133
Le piège du temps 133
La libération véritable 133
L'essence de l'instant présent 134
52. De l'éphémère à l'éternel : *L'essence de la miséricorde* 134
    La divine souffrance du monde 134
    La fenêtre de l'éveil 134
    L'essence de l'aide véritable 135
    L'incommensurabilité du don 135
    Au-delà de l'éphémère 135
53. Vers l'éveil : *L'alchimie de l'amour, de la douleur et de la conscience* 136
    L'union des sens et la dualité 136
    L'essence de l'amour et la connaissance 137
    La douleur et la souffrance 137
    Transformation par le regard intérieur 137
    La subtilité de la transformation spirituelle 137
    L'appel intérieur à l'éveil 138
54. Les voies lumineuses de la douleur et du plaisir : *Une odyssée ésotérique* 138
    Le mystère de la douleur et du plaisir 138
    Acceptation 139
    La dualité de l'existence 139
    Conscience et illumination 139
    Le passage vers la Conscience supérieure 139
    Plaisir et intellect 140
    La venue de l'ère d'or 140
55. La pure quintessence : *La renaissance spirituelle à travers la Sagesse éternelle* 140
    La puissance transcendante de la sagesse sainte 140
    Limitations des sagesses profanes 141
    La source de vie éternelle 141
    La confrontation avec le savoir profane 141
    Appel à l'éveil spirituel 142
56. L'odyssée intérieure : *L'harmonie des âmes* 142
    Quête de la vérité intérieure 142
    L'harmonie des connaissances 142
    La confluence des savoirs 143
    L'alchimie des émotions et visions 143
    L'émergence de la paix royale 144

57. À la découverte de l'essence intérieure : *Un voyage au cœur de la vérité*...144
    Flux ininterrompu de la vie...144
    La quête de l'essence véritable.......................................144
    L'illusion de la distraction extérieure..........................145
    Questionnement et recherche de la vérité 145
    L'idée de séparation et son illusion..............................145
    La quête spirituelle universelle......................................146
58. Les échos de l'insondable : *Un voyage vers la véritable essence*.
   146
    Vérités entendues et réalités vécues............................147
    L'erreur de l'identification corporelle..........................147
    Au-delà de l'intellect et du temps 147
    La foi et la raison 148
59. Lumière cachée : *Mystique entre sagesse et folie*.....................148
    Le paradoxe de la folie..148
    L'essence de la folie subtile 149
    L'énergie transcendantale...149
    La puissance infinie..149
    L'éclat de l'âme 150
    L'ultime révélation 150
60. Lumière éternelle : *Voyage à travers la connaissance*............151
    Perception ordinaire et ésotérisme...............................151
    L'essence divine de la Réalité..151
    L'insignifiance de la connaissance matérielle 152
    L'illumination à travers la méditation 152
    Éthique et alignement avec la lumière supérieure 152
61. Échos de la lumière éternelle : *Voyage au cœur de la mystique*.
   153
    L'appel de la mysticité 153
    Les Sitréi Hokhmah...153
    La résilience de l'âme illuminée 154
    L'expression de l'essence infinie...................................154
    La Parole du Créateur..154
    Limitations de la philosophie...155
    Interconnexion de l'univers..155
    Logique opposée à mystique..155
    La Lumière et la Source 156
    L'Essence de la mysticité 156
    L'Universel dans le particulier......................................156
62. Méditation lumineuse : *Le présent dans l'éclat du futur*.......157
    Triomphe sur les obstacles matériels 157

L'interconnexion du céleste et du terrestre 157
La vision du juste et l'élévation spirituelle 158
Le pont entre le présent et le futur 158

63. Lumière et ombre : *La quête vers l'unité ésotérique* 159
L'interaction entre la lumière et l'obscurité 159
La complexité de la perception mystique 159
Unité au sein de la contradiction 159
La morale éthique et sa source infinie 160
Le potentiel de paix et le mystère 160
Encouragement et guidance finale 160

64. Le voyage lumineux : *Dialogues avec l'âme* 161
L'Essence de la Sainteté Naturelle 161
La Perte de la perspective sacrée 161
La chaine des mondes 161
La Vitalité de l'Âme et du Corps 162
L'Ascension de la Lumière 162

65. Méditations sur l'essence de la Pensée : *Pour l'âme en quête* ...
.... 162
La signification intrinsèque des pensées 163
Élévation par la compréhension 163
Le voyage de l'ascension spirituelle 163
Les enseignements des sages 164
La clé de la transformation 164
Défi et quête du méditant 164

66. Échos de l'Âme : *Voyage mystique vers l'Infinie Lumière* 165
L'aspiration à la révélation 165
Les voiles de l'obscurité 165
Élévation spirituelle 165
L'union avec l'Infini 166
Le voyage vers la Terre intérieure promise 166

67. Le chemin lumineux : *L'harmonie entre le visible et l'invisible* ...
.... 166
La Frontière du connu et de l'inconnu 167
Les défis du chemin 167
L'éveil de la Connaissance 167
Le voyage des deux mondes 168
La fusion des opposés 168
L'épiphanie finale 168

68. Cheminements de l'âme : *Entre le voile et la lumière* 169
L'adaptation de l'âme 169
Les âmes lumineuses 169
L'attrait de l'ésotérisme 170

La quête d'équilibre 170
Les phares du monde 170
69. Cheminements de lumière : *La danse ésotérique de l'âme* 171
    Épanouissement de la lumière intérieure 171
    Conduite vers la sainteté 171
    Le pouvoir de la connexion 172
    La quête de perfection..172
    L'influence des maîtres spirituels 173
70. L'éclat mystique : *Voyage entre l'âme et la lumière éternelle*.173
    Révélations intimes et universelles 173
    Le voyage entre le particulier et le global...............174
    La lumière dans le quotidien 174
    L'harmonie des lumières 175
    L'élévation de l'âme 175
71. Lumière intérieure : *La quête de l'âme* 175
    L'ouverture à la sagesse...175
    La révélation des mondes 176
    L'élévation spirituelle 176
    La résonance universelle 176
    La manifestation des désirs 177
    L'agent de transformation 177
72. Le miroir de la connaissance ésotérique : *Une odyssée de l'âme*
....177
    L'Essence intérieure et la connaissance supérieure 177
    La richesse intérieure et sa manifestation 178
    Le jeu mystique de la révélation 178
    L'appel profond de l'âme 178
    L'harmonie cosmique et l'unité de l'Infini 179
    L'épanouissement spirituel à travers la Sagesse.........179
    La quête de la Vérité ultime 179
73. Lumière dans l'Ombre : *L'Éveil de l'Âme* 179
    Les pensées trompeuses...180
    Tentation de l'illusion 180
    Révélation de la Vérité 180
    Guidance du Maître intérieur 181
74. La Lumière des révélations et l'éclat des images 181
    L'essence de la révélation 181
    Les échos des mondes perdus 181
    L'élévation et la continuité 182
    Marcher dans l'Infini 182
    La sainteté universelle 183
75. L'ascension de l'âme : *Voyage mystique*........................183

    Recherche de la vérité ésotérique 183
    Méditation et libération des illusions 183
    Ascension spirituelle et richesses intérieures 184
    L'écho des vérités anciennes 184
    Périodes d'errance et de transition 184
    Évocation de l'Infini dans l'adversité 184
76. Ascension et descente : *Le voyage secret de l'âme* 185
    L'appel au chercheur 185
    La voie ascendante de la réalité tangible 185
    L'étreinte céleste de la révélation supérieure 186
    La convergence des deux chemins 186
    L'éveil du Pur Esprit et la célébration 186
77. Harmonies célestes : *Voyage au cœur de la mystique* 187
    La frontière de l'invisible 187
    La réalité spirituelle intérieure 187
    L'harmonie des mondes célestes 187
    La sagesse et l'ordre 188
    Écoute et réception 188
    La quête éternelle de vérité 188
78. La quête de la lumière : *La lumière Directe et la lumière Indirecte*
.... 189
    Introduction à la quête mystique 189
    La lumière directe : source de Sagesse 189
    La lumière Indirecte : retour à l'origine 189
    La fusion des lumières 190
    L'interdépendance des lumières 190
    Conclusion et évocation 190
79. Les échos de la lumière intérieure : *Méditations sur la sagesse et l'équilibre* 191
    L'initiation à la sagesse cachée 191
    La clé de la compréhension 191
    La valeur de la naïveté 191
    L'élan vital de l'univers 192
    L'harmonie des dualités 192
    La quête de l'équilibre 192
80. Voyage éthéré : *Échos de la Sagesse et danses de l'âme* 193
    L'expansion de la conscience 193
    Le voyage intérieur 193
    L'élan du cœur 193
    La vie dans sa splendeur 194
    L'union sacrée 194
    La célébration cosmique 194
    La Gloire éternelle 194

81. Sur le chemin de l'unification : *Une quête d'harmonie intérieure et universelle* 195
    L'intersection des réalités 195
    La dualité humaine et ses conséquences 195
    Vers l'harmonie intérieure... 196
    Le rôle des maîtres spirituels 196
    Contemplation et union avec l'Infini 196
    L'appel à l'harmonie universelle 197
82. Le voyage de l'âme à travers les lettres subtiles 197
    L'évocation des monde sacrés... 197
    La danse des lettres du Merveilleux... 197
    L'émanation d'Infinie Lumière et la Parole.................................... 198
    La lumière et la force des lettres 198
    L'essence mystique des noms 198
83. La lumière de la connaissance mystique en toi 199
    La quête intérieure de la connaissance mystique 199
    La révélation lumineuse de la méditation 199
    La source d'illumination... 199
    L'union avec la vérité éthique 200
    Devenir le canal de l'Infinie Lumière... 200
    L'élévation et la transformation spirituelles................................. 200
84. Gardien de la Langue sainte des mystères.......................... 201
    Introduction à la langue des mystères 201
    La nécessité de protéger la vérité 201
    La construction de la demeure intérieure..................................... 201
    L'appel à la méditation profonde 202
85. Immersion dans les secrets profonds................................... 202
    La nature des connaissances ésotériques...................................... 202
    L'élévation spirituelle et l'influence silencieuse 202
    L'éveil du monde par l'Essence sainte... 203
    La prophétie et l'illumination intérieure 203
86. Au cœur de l'Infini mystique 204
    Invitation à la révélation mystique... 204
    La perception de la limite 204
    L'œuvre des mystères 204
    La quête de la liberté spirituelle 205
    La richesse de la Source intérieure 205
    La connexion éternelle avec l'Infini... 205
87. L'écho de l'âme : *Voyage au cœur de la mystique* 206
    Destination ésotérique 206
    La mission de l'âme... 206
    Le guide de l'humilité... 206

Connexion avec la source infinie 207
Providence et dévotion 207
88. L'éveil du cœur à la Lumière Infinie 208
    Introduction à la quête mystique 208
    La pureté de la tradition kabbalistique 208
    Naviguer dans la connaissance ésotérique 208
    Connexion avec les anciens sages 209
    Éveil et illumination spirituels 209
89. L'éveil de l'âme : *Voyage mystique à travers la Sagesse véritable* 209
    L'illumination par la Sagesse véritable 209
    L'ascension et la pureté de l'esprit 210
    La découverte joyeuse des mystères sacrés 210
    La connexion avec l'essence infinie 210
90. La quête lumineuse : *Échos de l'âme éveillée* 211
    L'éveil par les arcanes de la Sagesse 211
    La sagesse infinie et l'expansion intérieure 211
    Plongée profonde dans la kabbale 212
    L'harmonie entre raison et mysticisme 212
91. Voyage lumineux : *La quête de l'âme à travers les voiles d'illusion* 213
    Au-delà des illusions de l'extériorité 213
    La foi du mystère et la quête de l'unicité 213

INTRODUCTION

Lorsque le monde se tait, que le bruit des pensées se dissipe et que l'esprit s'ouvre à l'omnitude de la conscience, il arrive que des voix se fassent entendre. Ces voix ne sont pas celles de mortels qui parlent, mais des murmures intemporels de Sagesse qui transcendent le temps et l'espace. Dans ces moments rares et précieux de méditation, où le cœur et l'esprit fusionnent en parfaite harmonie, l'âme se met à l'écoute de l'Infini, s'abreuvant à la source intarissable de la Sagesse éternelle. Ce que vous tenez entre vos mains est le fruit d'une écoute profonde, née de moments de méditation et d'ouverture de la conscience, un recueil de ces murmures célestes.

L'essence de ces enseignements n'émane pas d'un seul maître, mais plutôt d'un chœur céleste, d'une mosaïque de doux murmures qui, ensemble, tissent une épopée de sagesse. Ces mots proviennent de mémoires, de perceptions, d'enseignements entendus et ressentis au fil du temps, venant offrir des réponses à des instants de doute, à des situations complexes, à des questionnements profonds et à bien d'autres échos de l'âme.

Lorsque vous vous aventurez dans ces pages, sachez que chaque passage s'adresse à la partie la plus profonde de vous, celle qui cherche, qui se questionne, qui aspire à la grandeur. Ces enseignements, dénués de temporalité et de structure rigide, vous invitent à danser avec eux, à laisser votre âme vibrer au rythme de leur mélodie. Laissez votre intuition être votre boussole, afin de choisir pour vous les enseignements qui résonnent le plus avec votre être intérieur.

Abordez ce livre non comme un texte à décortiquer avec l'intellect, mais comme une méditation profonde, un voyage de l'esprit. Laissez les vagues des mots vous submerger, laissez-les vous traverser, vous imprégner. Car ils ne cherchent pas à être compris, mais à être ressentis. Ce ne sont pas de simples paroles, mais le souffle même de la sagesse qui, en trouvant sa place en vous, éveille votre essence véritable. Les mots de sagesse sont comme des étoiles, même dans la plus sombre des nuits, ils guident le voyageur égaré.

Alors, en toute humilité, je vous invite à pénétrer dans ce sanctuaire, à vous laisser emporter par le flux de ces enseignements et à en ressortir transformé, éclairé et en paix : là où la sagesse réside, l'âme trouve son repos.

1. Immersion dans l'instant Éternel

NAVIGUER ENTRE PLAISIR ET DOULEUR

Toi qui cherches à travers les voiles de la réalité, que perçois-tu dans les abysses de ton esprit ? Qu'est-ce qui semble erroné dans ta quête des plaisirs, en fuyant le désagrément ? Ne sais-tu pas que la vie s'écoule entre les rives du plaisir et de la douleur, telle la lumière de la Sagesse (Ḥokhmah) appelée *Zohar* ? Le seul égarement réside lorsque ton esprit refuse de suivre ce *Shéfâ*[1] (flux) sacré et reste figé aux rives de la dualité. Ce que les sages, te diraient, c'est de flotter avec la vie, d'accepter, d'accueillir ce qui vient et de relâcher ce qui part. Tel le *Yam Kinéréth*[2], dans la forme de la harpe de David, qui reçoit les eaux du Jourdain et en restitue le flux.

PRÉSENCE AU MOMENT PRÉSENT

Ne sois pas pris dans la tentation ou la crainte. Sois dans le moment présent, car tu n'es pas les événements qui se déroulent, mais plutôt celui à qui ils surviennent. Et dans un mystère plus profond, tu n'es même pas cet observateur. Tu es l'essence ultime, l'Infinie Lumière, de laquelle toute conscience émerge.

---

[1] *Shéfâ* [שֶׁפַע] signifie abondance et désigne le flux abondant de l'Infinie lumière à travers les dix sefiroth, pour vivifier la création. De façon plus moderne on peut parler d'énergie.
[2] Lac de Tibériade.

L'Essence de la réalité temporelle

Le souvenir d'un moment ne peut égaler l'instant lui-même, tout comme son anticipation ne peut le prévoir. Le moment présent détient une réalité singulière, éclairée de vérité. Il porte en lui la marque de la Réalité suprême, absente du passé et du futur. Pourquoi le présent est-il si distinct ? C'est ta présence, bien sûr. Tu es l'essence éternelle, toujours dans le présent. Tout ce qui est à tes côtés au présent partage ta réalité. Le passé est une ombre mémorielle, le futur une vision chargée d'imaginaire, car le futur n'est pas le Monde-à-Venir qui n'est ni passé, ni présent, ni futur. Mais tu peux t'y relier par sa « Présence », sa *Shekhinah*.

Éternelle présence au présent

Ce qui attire ton attention dans le présent devient réel, car tu es toujours présent, éternellement vivant dans le moment. Tu insuffles ta réalité à chaque instant. Souviens-toi que les souvenirs ne font surface que lorsqu'ils surgissent dans le présent. Et ce qui est oublié n'a d'importance que lorsque tu le rappelles à ta conscience, le faisant ainsi émerger dans le présent. C'est dans l'instant présent que tu peux ressentir la « Présence » de l'Être Infini, sa *Shekhinah*.

Constance de l'Être malgré les fluctuations

Ne vois-tu pas la constance de cette « Présence » en toi depuis ta naissance ? Si les pensées et les choses ont fluctué, la sensation de la réalité du présent n'a jamais faibli, même dans le rêve. Dans le sommeil profond de la *tardémah*[3], l'inconscience est due à un manque de souvenirs précis. Néanmoins, une sensation générale de bien-être subsiste. Comprends la différence entre dire : « *J'étais plongé dans un sommeil profond* » et « *J'étais inconscient* ». Durant le sommeil, ton corps opère au-delà de ton intellect.

2. **Sur le chemin de la lumière éternelle :** *La méditation mystique*

Écoute, chercheur de vérité, et plonge-toi profondément dans la sagesse des anciens.

LA CROISÉE DES RÉALITÉS

Tu te tiens à la croisée des mondes, entre le sacré et le profane. Alors que tu cherches à comprendre la réalité qui t'entoure, n'oublie pas que la connaissance superficielle, celle que tu perçois par tes sens, n'est qu'une ombre de la Vérité infinie. Cette connaissance éphémère, qui émerge du monde profane, ne peut rivaliser avec la profondeur et la pureté de la Sagesse suprême, celle qui émane de l'Infini.

LA VÉRITABLE SOURCE DE LUMIÈRE

Imagine un instant que toute existence, tout ce qui te semble réel, n'est en vérité qu'une pâle réflexion de la Source d'Infinie Lumière. Tout ce que

---

[3] La *tardémah* est la torpeur que le Créateur fit tomber sur Adam pour le séparer.

tu perçois n'est qu'une émanation de cette Source éternelle. À l'instar des éclats de lumière qui traversent un prisme, le monde matériel est une fraction dispersée de la Vérité infinie, une ombre par rapport à la lumière étincelante de la Connaissance suprême.

La quête de connexion avec l'Infinie Lumière

Médite sur le fait que le véritable trésor ne réside pas dans les connaissances extérieures que tu accumules, mais dans la connexion intime que tu établis avec la Source de tout. La vraie science, la connaissance transcendante, se trouve dans l'union avec l'Infini. Seule cette communion te permettra de comprendre le monde non pas comme une simple création, mais comme une manifestation directe de la Volonté suprême.

L'élévation spirituelle

Cher aspirant à la Sagesse, chaque instant que tu passes en contemplation, chaque effort que tu fais pour t'élever spirituellement, ne vise qu'un seul but : la révélation de l'Infinie Lumière, celle qui inonde l'âme et révèle la Vérité de la Source. Car c'est en te rapprochant de cette Source, en éclairant ton chemin avec sa lumière, que tu parviendras à une vie empreinte de justice, de droiture, et de véritable compréhension.

Le monde au-delà des ombres

Ainsi, lorsque tu contemples le monde, ne te laisse pas distraire par les ombres qui virevoltent à sa surface. Plonge profondément dans la méditation, connecte-toi à l'éclat de la vérité, à cette Infinie Lumière dont tout est façonné. Car en elle, tu trouveras la clé de l'existence, la sagesse des âges, et le cœur battant de tout ce qui est.

La lumière éternelle

Puisse ta quête te conduire vers la lumière éternelle du Jardin, où tout devient clair, où chaque mystère est dévoilé, et où l'âme trouve enfin sa véritable demeure.

3. L'œuvre du Tiqoun Ôlam : *Lumière de l'âme, réparation du monde*

Introduction à la vérité kabbalistique

Écoute-moi, âme en réparation. Au cœur de l'Infini, où les mystères de la Kabbale résident en silence, se trouve une vérité puissante : le *Tiqoun Ôlam*, la Réparation du Monde. Ce n'est pas une simple tâche, mais un appel vibrant à ton âme, une quête pour redécouvrir ton essence et embrasser ton rôle dans le grand orchestre de l'univers.

La nature infinie et la réalité voilée

Tout autour de toi, chaque souffle, chaque murmure de la nature est un écho de la Conscience infinie. Comme la lumière qui émerge de l'obscurité, tu as la capacité, et même le devoir, de révéler cette étincelle sainte en toi. Dans la Kabbale, on raconte que le monde s'est fragmenté, dispersant l'Infinie

Lumière. C'est le grand voile que l'Être infini a posé, permettant ainsi à la réalité de prendre forme.

Le brisement comme invitation à la reconstruction

L'obscurité n'est que l'oubli momentané de la véritable nature de ce que tu es. À travers le *Tiqoun Ôlam*, rappelle-toi que ta véritable mission d'être est de révéler ton essence infinie, de la partager, et ainsi participer à la guérison du monde.

L'essence de la réparation : au-delà du tangible

Le monde tangible est crucial, certes, mais c'est dans l'immensité des idées, des émotions et des valeurs que réside la véritable Réparation. Chaque geste d'amour, chaque parole de compassion est un pas vers le rétablissement de cet équilibre cosmique.

Le chemin personnel vers le *Tiqoun Ôlam*

Comment pourrais-tu réparer ce vaste monde, te demandes-tu ? La réponse est simple : commence par toi-même. Immerge-toi dans ton propre être, transcende les mirages qui t'entourent et éveille-toi à la vérité intemporelle qui est en toi. Lorsque tu te connectes à cette vérité, chaque action, chaque mot devient un reflet pur de l'Amour infini, contribuant à la Réparation universelle.

La convergence de la vie et la mission sacrée

La vie, la mort, le changement, tout converge vers cette nécessité de Réparation. Pour vivre en totale liberté, prend conscience de ton rôle précieux. À chaque moment qui passe, choisis : te perdre dans les ombres de l'ignorance ou embrasser la lumière de la conscience pour œuvrer en faveur du *Tiqoun Ôlam*.

L'APPEL À L'ACTION : L'ENGAGEMENT LUMINEUX

Avec confiance et dévotion, cherche cette lumière en toi et laisse-la guider ta quête. Engage-toi sur cette voie noble, car en œuvrant pour la Réparation du monde, c'est aussi ton âme que tu guéris. Chaque geste, chaque étincelle d'amour illumine la Création, rapprochant l'humanité de sa véritable essence infinie.

4. **Les secrets du *tséirouf* : La rotation des lettres et la Lumière de la Création**

Au cœur de la Kabbale, il y a un mystère profond, un secret que seul l'esprit réceptif peut approcher : le *Tséirouf*[4] des lettres. Chacune des 22 lettres est bien plus qu'une simple marque ou un son, elles sont les Lettres de Fondement. Ce sont des mondes en soi, des univers silencieux qui émettent de mystérieuses ondes rotatives.

LA FUSION DES LETTRES ET LA CRÉATION

Lorsque tu médites, ressens ces lettres comme de pures sources d'énergie, se déplaçant, interagissant, se combinant. En elles se trouvent le

---

[4] *Tséirouf*, signifie combinaisons, voire « fonte » selon l'image de deux métaux qui fusionnent pour n'en former qu'un seul. Dans la mystique kabbaliste, ce terme désigne une méthode de combinaisons et de vocalisations des lettres.

pouvoir des origines, de la *Rouah Élohim*[5] Créatrice. Deux lettres qui se fusionnent sont comme deux âmes qui s'unissent pour créer une force nouvelle, une vitalité.

Ce n'est pas par hasard qu'elles jouent un rôle central dans la construction de notre univers. Car, tu vois, le *Tséirouf* des lettres est le fondement même des dix Paroles Créatrices. Ces paroles expriment la Lumière des dix *sefiroth*, illuminant et structurant l'essence de toute existence.

Origine et brisure des paroles

Rappelle-toi toujours, l'Origine était « bien-dite » : *tov*. Mais les tribulations de l'existence ont dispersé ces lettres, brisé leurs unions saintes, et le monde est devenu « mal-dit » : *râ*. Si en toi tu ressens cette dissonance, cette désunion, c'est un appel pour toi à retrouver l'harmonie du « bien-dit ». Pour cela, tu dois t'engager dans un voyage intérieur de recomposition et de réparation.

La méditation dynamique et le *guilgoul* des lettres

Le *guilgoul* des lettres, le mouvement dynamique et perpétuel des lettres lors de ta méditation, te guidera sur cette voie. En faisant tourner ces précieuses roues dans ton esprit, en les laissant interagir et se combiner, tu t'ouvres à la réparation, non seulement de ton propre être, mais aussi du monde entier. Car en réparant ton monde

---

[5] La Rouah Élohim est « l'Esprit divin » qui planait sur les eaux de la Création, dans le Livre de la Genèse.

intérieur, tu contribues à la grande mission du *Tiqoun Ôlam*.

LA LUMIÈRE GUIDANT LA QUÊTE INTÉRIEURE

Alors, plonge profondément dans ce *Tséirouf*. Tisse ton être avec patience, permettant à chaque lettre de t'éclairer, de te guider. Et à mesure que tu avances, un rayon de l'Infinie lumière illuminera ton chemin, te rappelant ton véritable but et ta mission d'être en ce monde.

Que la paix et la lumière t'accompagnent dans cette quête intérieure.

5. Les arbres mystiques : *Lumière, dualité et la quête de la Shekhinah*

Écoute attentivement, *Yenouqa*. Dans les arcanes de la Kabbale, deux arbres se dressent solennellement devant nos yeux intérieurs : l'Arbre de Vie et l'Arbre de la Connaissance du bien et du mal. Chacun d'eux renferme des mystères que nous devons sonder avec le cœur pur et l'esprit éclairé.

L'ARBRE DE VIE : RAYONNEMENT D'INFINIE LUMIÈRE

Considère l'Arbre de Vie. C'est l'expression la plus naturelle et la plus spontanée de la Vie elle-même. De lui, sans aucun effort, sans aucune cause, se diffuse l'Infinie Lumière. Dans sa Splendeur, il est cosmologique, car il nous rappelle la grandeur sans fin de l'Univers et la grâce naturelle avec laquelle la Création émane. Dans son essence, il est pur, sans les entraves des dualités du bien et du mal.

L'Arbre de la Connaissance : Le défi de la dualité

À l'inverse, l'Arbre de la Connaissance du bien et du mal est un arbre de survie. Ses racines s'enfoncent dans le sol cosmogonique de la Création, où tout ce qui émane doit s'unir, s'accoupler pour perdurer. Il nécessite un effort juste et nécessaire pour maintenir son équilibre. Dans ses branches entrelacées, tu peux voir la lutte éternelle entre la lumière et l'obscurité, la vie et la mort, le bien et le mal.

La tentation du sur-effort

Cependant, esprit en chemin, prends garde. Lorsque l'on se laisse dominer par ses penchants, luttant sans cesse contre l'espace et le temps, on s'égare dans le sur-effort. Cet excès épuise notre énergie vitale, restreignant l'espace de notre âme et contractant le temps de notre existence. Dans cette agitation, la joie se transforme en tristesse, et l'esprit s'égare dans les méandres de l'imaginaire.

La méditation : chemin vers la Shekhinah

Devant de telles tribulations, la méditation devient ton refuge. Elle apaise l'âme agitée, ouvre la conscience en dilatant l'espace et le temps. En te retirant dans le Sanctuaire intérieur de ta méditation, tu permettras à cette Joie sans cause, faite des fragments de l'Infinie Lumière, d'illuminer ton être. Et c'est dans cet éclat que la *Shekhinah*, la Présence divine, se révélera à toi.

Médite donc sur ces arbres, pèlerin du Jardin, car ils sont les guides qui mèneront ton âme vers les sommets de la Sagesse et de la Compréhension.

6. **L'éclat intérieur :** *Sur les voies de la Sagesse suprême*

L'ESSENCE VIVIFIANTE

Chère âme en quête, réalise que la Sagesse suprême qui réside en toi, dans son essence la plus pure, est une force vivifiante qui imprègne tout. Lorsque tu permets à cette Sagesse de se manifester dans ton monde, elle devient la source d'où toute vie jaillit. Ne pense pas qu'elle se heurte ou s'oppose aux connaissances que tu as acquises ou aux grandes vérités de l'univers. Au contraire, elle sublime tout, fusionne avec puissance et majesté, et couronne chaque aspect de ton existence avec une aspiration profonde à la justice, enveloppée de bonté et d'humilité.

L'ASPIRATION À LA JUSTICE

Imagine les aspirations innombrables à la justice que tu ressens, qu'elles soient grandioses ou intimes. C'est grâce à la Sagesse suprême qu'elles trouvent leur chemin authentique, éclairant chaque étape de ta vie. Lorsque tu te laisses guider par elle, ton chemin devient une manifestation concrète de ces aspirations dans chaque action, chaque pensée, chaque moment vécu.

Le chemin de la lumière

Les intentions pures qui t'habitent, nées des profonds mystères, que tu explores à travers l'étude, la prière, ou les actes, sont autant de voies pour toi. Chaque intention, chaque geste, te rapproche un peu plus de cette lumière splendide (*Zohar*) de la Sagesse suprême. À travers cette quête, aspire à faire briller cette lumière dans ton monde, pour que chaque être puisse s'en nourrir, qu'il s'agisse d'une vie éphémère ou de l'éternité.

Médite sur cela, chère âme. Laisse la pure Sagesse éclairer ton chemin, et tu verras le monde à travers les yeux de l'Être Infini.

7. Éclats de Lumière : *Le voyage vers l'Essence suprême*

Dans le secret des arcanes kabbalistiques, cher voyageur de l'âme, plonge dans la réflexion :

Origine de l'affaiblissement

Qu'est-ce qui émousse ta flamme intérieure ? Pourquoi sembles-tu fatigué lorsque tant d'autres, autour de toi, manifestent leurs volontés dans la réalité ? Où s'est évaporée cette énergie sainte qui brûlait en toi ? N'est-ce pas parce que tu l'as dispersée en des aspirations nombreuses et souvent opposées ?

La véritable source d'énergie

Bien que l'abondance du *Shéfâ* soit infinie, il est crucial de comprendre que ton énergie n'est pas inépuisable. Si tu vis pour des ambitions éphémères et superficiels, alors tu n'as pas besoin d'une énergie débordante. Le *Shéfâ*, lui, est intarissable car Il n'a aucune quête pour Lui-même. Imite cette essence suprême, et tu verras tous tes désirs se matérialiser. Élève tes ambitions, embrasse des désirs universels, et le *Shéfâ* pour les réaliser affluera en toi. Si tu œuvres pour le bien-être collectif, l'Univers lui-même conspirera à ta faveur. Toutefois, si tu n'aspires qu'à ton plaisir personnel, le chemin sera ardu.

Connaissance et émancipation

Bien sûr, pour naviguer dans ce monde, des connaissances spécialisées sont essentielles. Toutefois, en te laissant emprisonner par l'accumulation incessante de savoirs, tu risques de t'enfermer derrière un mur d'érudition. Pour transcender l'esprit, il n'est pas nécessaire de le submerger. Il existe de multiples chemins spirituels, tous menant à la même destination.

La Voie du Renoncement

Peut-être, en te libérant des fruits de tes actions, trouveras-tu la paix. Le renoncement authentique, qui consiste à abandonner tout attachement aux appétences et aux pensées, peut être la clé. Fixe ton esprit sur la pure essence de l'Être, l'affirmation de l'existence. En demeurant ancré dans cette réalité immuable, tu comprendras que tout ce qui est perceptible est éphémère.

Méditation et discrimination

Il est essentiel de remplir ton devoir, mais sans y être émotionnellement enchaîné. Dans ce ballet de la vie, tu peux danser avec ardeur tout en conservant une paix intérieure, tel un miroir qui reflète sans être altéré. Méditer, c'est exercer quotidiennement cette discrimination entre le réel et l'illusoire, choisissant consciemment le réel. Bien que diverses pratiques méditatives existent, toutes mènent, en fin de compte, à l'Union mystique.

8. Échos de la Conscience suprême : *Guilgoul de Lumière et d'Être*

Identité et Conscience universelle

Dans la danse éthérée de l'Infini, proclamer que tu n'es pas ce corps est encore une simplification. Dans le grand livre des mystères, tu es chaque corps, chaque cœur, chaque souffle et bien au-delà. Descends dans l'abysse de l'Être, et tu découvriras les éclats d'étoiles de la Vérité. Comment retrouves-tu un joyau perdu dans le sable du temps ? En le gardant vivant dans ta conscience, jusqu'à ce qu'il revienne en brillant.

Lumière de l'Être

L'essence de l'Être est la première lueur au crépuscule de l'existence. Interroge-toi, d'où jaillit cette lumière ? Ou simplement, baigne-toi dans sa lueur tranquille. Lorsque ton intellect devient une mer calme sous la lueur de l'Être, tu touches une vérité inexprimable, mais palpable. Cherche inlassablement, car bien que l'Être demeure éternellement en toi, des voiles d'illusions se sont superposés : le corps, les émotions, les pensées, les convictions, les possessions intérieures et extérieures. À cause de ces mirages, tu te méprends sur ta véritable essence.

DÉFINITION DE SOI PAR LA NÉGATION

La clef est de déchiffrer ce que tu n'es pas. Point besoin de définir ce que tu es, car toute définition est une cage pour l'âme. Tant que la connaissance reste ancrée dans le connu, elle ne peut embrasser l'Infinie Lumière. Tu peux danser autour du mystère en disant : « *Je ne suis pas ceci, je ne suis pas cela* », mais jamais clamer haut et fort : « *Ceci est mon être et ma mission d'être* ». Tu transcendes toute désignation, toute conceptualisation. Et pourtant, sans toi, le monde demeurerait sans chanson, sans couleur. Tu es le témoin silencieux des battements du cœur, des vagues de la pensée, des mouvements du corps. Ta simple présence témoigne que tu n'es pas simplement le perçu, car comment le monde pourrait-il se déployer sans un Spectateur suprême ? Chaque expérience est une note dans la symphonie de l'existence, et sans le musicien, elle demeurerait muette. Tu es à la fois le compositeur et la mélodie, conférant réalité à chaque instant éphémère. Quelle valeur aurait une mélodie si elle n'était jamais jouée ?

EXPÉRIENCE ET CRÉATIVITÉ DIVINES

Au cœur du mystère divin, lorsque tu ressens, tu expérimentes. Chaque expérience, comme une étincelle sainte de la lumière du *Zohar*, témoigne de son créateur. La mémoire, pareille aux voiles qui cachent la *Shekhinah*, engendre l'illusion de la continuité. Mais rappelle-toi, quêteur de vérité, que chaque expérience est comme un mot du *Cantique des Cantiques*, ayant son propre chant. Cette sensation d'unité, est le fil d'or tissé par l'Être infini, reliant chaque mot, chaque chant, chaque étincelle. L'identité n'est pas une mélodie continue, mais une harmonie d'échos divins.

Harmonie des échos divins

Considère les fleurs du champ, chaque pétale reflétant une nuance unique, mais tous baignés de la même lumière céleste. Les existences émergent de l'Infinie Lumière, fragmentées dans la mémoire mais unis dans leur essence. Cette essence est le berceau, le fondement, le souffle intemporel de la création de toutes les merveilles.

Reconnaissance de la Lumière Intérieure

Tu n'as pas besoin de chercher l'essence, car elle est en toi, comme la « Lampe d'*Élohim* », flamme éternelle des kabbalistes. Si tu ouvres ton cœur et écartes les illusions, la Vérité, telle la lumière des *sefiroth*, illuminera ton âme. Abandonne l'idée que tu es simplement une créature errante et reconnais que tu es une étincelle divine, le centre vibrant de la Création. Alors, un Amour profond, purifié comme l'or du Sanctuaire, naîtra en toi : un Amour qui ne choisit pas, qui ne préfère pas, qui ne s'accroche pas, mais qui transforme tout en objet d'Amour vrai.

Quête de l'attention intérieure

Toi, qui cherches dans les profondeurs des mystères, si le centre de ton attention n'était pas égaré dans les illusions, tu pourrais percevoir, ici et dans cet instant sublime, ce que les échos de la lumière du *Zohar* révèlent à mon âme. Tu te perds en te dispersant, car ton esprit se lie aux formes éphémères du monde, ignorant la Lumière en toi. Concentre-toi, ressens la flamme ardente de ton être. Observe tes gestes, médite sur les mouvements de ton âme, explore les entraves que, sans le savoir, tu as forgées.

Découverte de l'Essence par la négation

En suivant la voie du Maître des roues de lettres, en discernant ce que tu n'es pas, tu trouveras la clef de ta véritable essence. Ce voyage intérieur nécessite renoncements et détachements. Une vérité est évidente : le véritable Être n'est pas une illusion ou un simple produit de la pensée. Même le sentiment d'être, bien qu'étant une lueur, n'est que le début de la quête. Sonde-le profondément. Quand tu réalises que tout ce que tu peux affirmer est « *je respire* » et que rien de ce qui est extérieur n'est toi, le besoin de définir ton être s'effacera. Les mots ne pourront plus te décrire.

Dépasser les définitions pour atteindre l'essence

Détache-toi de cette incessante envie de te définir. Les définitions sont pour le corps, l'enveloppe éphémère. Lorsque le voile de la corporalité sera levé, tu te retourneras, naturellement, vers ton Essence primordiale. La distinction entre nous est que je baigne dans cette Lumière originelle, tandis que tu te débats dans l'obscurité. Mais souviens-toi, tout comme l'or pur n'est pas différent de l'or façonné, sauf si l'esprit le décrète, dans l'essence nous sommes unis. Cette vérité se révèle à ceux qui sont ardents, qui cherchent, qui interrogent chaque instant, chaque souffle, consacrant leur existence à cette quête sublime.

9. De la causalité à l'Infini : *L'entrelacement cosmique des désirs*

LA CAUSALITÉ ET LE COSMOS

Cherchant dans les profondeurs célestes, comprends-tu vraiment le *guilgoul* de l'intellect ? Ce que tu considères comme loi de causalité est aussi insaisissable que les ombres du crépuscule. Rien en ce monde n'a de cause isolée : l'entier cosmos œuvre pour que même la plus infime des choses prenne vie. Rien ne pourrait être sans que le Tout soit ce qu'il est. Évoquer la causalité comme une loi immuable, c'est se méprendre. Car le cosmos, à l'image des mystères de la Kabbale, n'est pas contenu dans ses manifestations ; ses potentialités sont aussi vastes que les lumières séfirotiques.

INTERCONNEXION DE L'UNIVERS

L'univers est l'écho d'une force libre, indéfinissable. Nombre d'actions, nées de l'ignorance, persistent. Si tu discernais que l'ensemble de l'univers est à l'origine de chaque manifestation, tu agirais avec plus de sagesse et d'efficacité. Ton désir d'agir n'est-il pas lui-même le chant du cosmos ? Il est le signe que le *Shéfâ* (l'énergie universelle) abonde en un point précis.

NOTION DU TEMPS ET LIBERTÉ CRÉATIVE

La notion du temps te retient dans la dualité cause-effet. Mais en percevant le passé et le futur dans un présent éternel, la liberté créative s'épanouit. Quand je dis qu'une chose est sans cause spécifique, je te suggère qu'elle pourrait émaner d'ailleurs. Ta mère t'a donné la vie, mais d'autres circonstances auraient pu te voir naître. Néanmoins, sans la Terre et le Soleil, ta naissance serait impossible. Et au-delà, c'est ton désir de naître, une force profonde, qui t'a donné forme et essence. C'est ce désir qui façonne le monde, notre réalité personnelle.

LES CONTRADICTIONS DU DÉSIR ET LA VÉRITABLE ESSENCE

Pour voir la véritable essence de l'univers, tu dois transcender cette résille tissée de désirs. Regarde cette résille et ses contradictions : tu désires la paix, mais crées la discorde ; tu cherches l'amour, mais sèmes parfois la haine. Reconnais ces contradictions, et elles s'évanouiront. Chaque élément de ce monde est influencé par d'innombrables facteurs. Mais à la source de tout, il y a l'Être Unique Suprême qui brille en toi.

Éveil à la vie intérieure

Toi qui t'aventures dans les profondeurs de l'âme, sais-tu vraiment ce qui réside en toi ? Tandis que le monde extérieur des sensations et des actions te parle, le royaume intérieur, celui des pensées et des émotions, demeure souvent inexploré. Au sein des mystères de la Kabbale, la première étape de la méditation est de t'éveiller à cette vie intérieure, d'explorer le royaume, de te familiariser avec ses murmures et ses échos. L'apogée de cette quête est de toucher la Source même de la Vie et de la Conscience.

Libération par la Connaissance

Ainsi, en approfondissant ta méditation, tu sculptes ton être intérieur. Car l'ignorance t'entrave, tandis que la connaissance te libère. Tout défaut ou faiblesse, une fois révélé et compris, est transcendé par la lumière de la Connaissance. Ce qui est caché dans l'ombre de l'inconscient se dissipe lorsqu'il est illuminé par la Conscience. Et cette transmutation libère en toi le flux de la *Rouah Élohim*, apaisant ton esprit (*rouah*).

Le pur témoin

Avec un esprit serein, tu te découvres comme le pur témoin, transcendant l'expérience et l'expérimentateur. Tu demeures dans la Lumière de la Conscience, au-delà des dualités. Bien que la personnalité subsiste, elle devient une existence de ce monde matériel, non liée à la pure essence du témoin.

INFLUENCE DES FORCES DIVINES

Mais pourquoi chercher la vérité, la bonté, l'harmonie et la beauté ? Ces forces sont leur propre finalité. Elles surgissent, guidées par la *Shekhinah*, quand elles sont laissées intactes, non altérées par le désir, la répulsion ou la conceptualisation. Elles sont simplement perçues dans leur plénitude, dans une conscience illuminée, une conscience teintée d'existence. Cette conscience, empreinte des enseignements kabbalistiques, n'exploite ni les êtres ni les objets, mais les élève. En les observant agir en toi et sur toi, tu percevras leur influence. Découvre comment ces forces se manifestent dans tes pensées, paroles et actions, et la lumière de la connaissance affaiblira leur emprise sur toi.

10. L'Odyssée intérieure : *Lumière, être et quête de l'absolu*

Quêteur en esprit, es-tu conscient de la dualité entre ton regard externe et interne ? Tes yeux, dirigés vers le monde extérieur, te montrent une réalité, mais sais-tu que ton monde intérieur, celui de la conscience, est tout aussi vivace, sinon plus ? Il te suffit de méditer pour explorer cet univers intérieur. Comprends ceci, chercheur : la richesse de ton monde intérieur peut surpasser celle du monde perceptible, mais cela demande une discipline, une introspection.

L'Illusion de la Causalité

Pourquoi es-tu en quête constante d'origines, de raisons ? Dans le grand mystère de la Kabbale, nous comprenons que la causalité est une illusion de l'esprit. La mémoire crée la continuité, et la répétition établit l'idée de cause à effet. Mais cette causalité, cette habitude mentale, n'est pas une nécessité absolue.

Langage et Réalité

Sache que le langage est une construction de ton intellect, pour ton intellect. Si tu envisages une cause, alors envisage l'Être Infini comme la cause ultime, et le monde comme sa manifestation. Mais tu ne peux voir l'Être séparément du monde. Transcender ce monde signifie adhérer à l'Infinie Lumière.

La Lumière de la Connaissance

Imagine une pièce obscure. Sans lumière, tu ne discernes rien. Mais quand la lumière entre, tout s'illumine. De même, la conscience illumine notre perception du monde, avec le Nom d'Unicité comme source de tout. Cette conscience, ce moi, est au cœur de toute existence. Elle est la clé de la connaissance véritable, de la liberté, du bonheur.

Être et existence

La différence entre être et exister est fondamentale. L'existence est changeante, tandis que l'Être est universel, constant, éternel. L'existence se heurte, se confronte, mais l'Être demeure serein et paisible.

Perception et réalité

Le monde que tu perçois est coloré par ton intellect, par ton propre prisme. Un inconnu peut devenir un ami, un conjoint, voire un adversaire, selon la perspective de ton intellect. Pour parvenir à la vérité, il faut dépasser la subjectivité, atteindre une objectivité pure où tout est vu tel qu'il est, sans filtre.

En toi, voyageur, se trouve une réalité intemporelle, changeante et pourtant constante. Médite sur ces paroles, plonge-toi dans la profondeur de ton être et tu découvriras une réalité bien au-delà de ce que tu perçois actuellement.

11. L'épopée intérieure : *voyage à travers la lumière et l'essence de l'être*

Scrutateur des mystères, sache que dans la grande danse céleste du *Shéfâ* (énergie abondante), la torpeur et l'agitation se marient pour occulter la lumière de la clarté et de l'harmonie. Pour que l'éclat pur de l'harmonie rayonne, il est impératif de transcender et maîtriser la torpeur et l'agitation. Et, par la grâce de l'Être infini, ce passage se manifestera naturellement lorsque le temps sera propice.

L'écoulement du temps et l'instant présent

Dans le grand ordre universel, là où l'effort est exigé, il émerge. Et lorsque le silence et l'inaction sont nécessaires, ils prennent leur place. N'essaie pas d'accélérer le rythme de la vie ! Plonge-toi simplement dans son flux, en te concentrant pleinement sur la magie de l'instant présent, cet éternel maintenant qui se transforme continuellement.

LE CYCLE DE LA VIE ET DE LA MORT

Vivre, dans sa plus profonde essence, c'est embrasser le cycle de la mort. Car sans ce passage, la vraie vie ne saurait exister. Médite sur cette vérité profonde : toi et l'horizon infini, vous êtes une seule entité, parfaite et harmonieuse. Seules tes perceptions peuvent parfois être voilées et nécessitent une réorientation. Cette alchimie intérieure, cette quête de transformation, est ce que les anciens appellent « discipline ».

LA QUÊTE DE TRANSFORMATION

Parviens à ce renouveau en chassant la léthargie. Utilise toute ta force intérieure pour ouvrir le portail de la lucidité et de la compassion. Car en vérité, chaque étape, chaque signe, est un chapitre inévitable de ton évolution spirituelle. N'éprouve pas de crainte, ne te dresse pas contre le courant, ne diffère pas ce qui peut être vécu aujourd'hui.

L'ADHÉSION À L'ESSENCE VÉRITABLE

Sois fidèle à ta véritable essence, car en elle, il n'y a rien à craindre. Fais preuve de confiance, ose et traverse chaque expérience avec intégrité. Permets à ton être profond de sculpter ton destin. Tu découvriras alors, que loin de tout regret, tu as tracé un chemin baigné de lumière.

12. **Voyage intérieur :** *de l'éveil à l'harmonie du Monde*

DE L'ÉVEIL À L'INTÉRIORITÉ

En te plongeant profondément dans les mystères enseignés par les maîtres de la Kabbale, tu pourrais entendre ces mots chuchotés à ton âme : « *Âme en quête, es-tu véritablement éveillée à l'œuvre complexe qui s'orchestre en toi, au sein même de ton être ?* » Sans doute, tu demeures inconsciente de cette danse intérieure. Pourtant, à ceux qui observent avec un regard purifié, tout semble orchestré avec une noble intention.

QUESTIONNEMENT SUR LA NORMALITÉ

Demande-toi : n'est-il pas possible que la totalité de ton essence s'opère bien en dessous du voile de ta conscience, mais qu'elle continue d'agir avec harmonie et sagesse ? Te perçois-tu dans une vie normale, obsédée par des désirs et des peurs, dans une danse de conflits et de discordes, dépourvue de sens et de joie ? Est-il naturel d'être si intensément conscient de ton enveloppe matérielle ? De se sentir tourmenté par les émotions et les pensées ?

L'HARMONIE DU CORPS ET DE L'ESPRIT

En vérité, un corps et un esprit équilibrés agissent dans la discrétion, appelant occasionnellement ta conscience lors de moments de douleur ou de perturbation. Pourquoi ne pas adopter cette approche pour l'ensemble de ton voyage en ce Monde ? Tu peux vivre avec droiture, répondant pleinement à chaque épreuve sans avoir à tout ramener au centre de ta conscience. Lorsque la maîtrise de soi devient ta nature profonde, la pure Conscience se focalise sur des niveaux d'existence et d'action encore plus profonds.

Transition vers la conscience profonde

Quelle serait la faute à rendre automatique ce qui est déjà répétitif ? Cela est en soi une mécanique. Mais lorsqu'un chaos s'installe, cela devient source de douleurs qui réclament ton éveil. La véritable intention d'une existence harmonieuse est de te libérer des chaînes du chaos et du fardeau de la souffrance. Qu'y a-t-il d'erroné dans une existence dépourvue d'obstacles ?

La quête d'une existence harmonieuse

Considère ceci : ton moi n'est qu'une émanation de la véritable Essence. Pourquoi ce reflet ne serait-il pas en harmonie avec l'*Adam Qadmon* (homme primordial) spontanément, naturellement ? As-tu réellement besoin de desseins propres ? Laisse la Source, dont tu es une manifestation, te guider. En comprenant profondément que ton moi n'est qu'une réflexion, et non l'essence elle-même, tu cesseras de t'agiter. Tu embrasseras la guidance intérieure, et ainsi, ton existence se transformera en une odyssée vers l'inexploré.

13. **Lumière et ombre de la conscience :** *Voyage dans les mystères*

LA DUALITÉ DU PLAISIR

Chercheur des mystères divins, comprends-tu les instruments de ton plaisir ? Qu'ils soient de chair ou d'esprit, ils sont de ce monde (*ôlam ha-zéh*), mortels et périssables. Chaque plaisir que tu cherches est ancré dans l'éphémère, car chaque joie est un écho lointain de la douleur. Cette souffrance est le voile qui cache la véritable lumière de la joie guidant vers le Monde-à-Venir (*ôlam ha-ba*). Tu te tournes vers le plaisir car, dans ton cœur, tu ressens un vide. Pourtant, cette quête elle-même devient une chaîne qui te lie. Tel est la roue de la vie, révélée par les écrits kabbalistiques.

PORTE DE LA COMPRÉHENSION

Mais sache, âme en quête, qu'il y a une porte hors de cette confusion. La clé réside dans la contemplation et la méditation. En ton cœur, la révolte n'a été que contre la douleur, et non contre le tumulte intérieur. Observe avec vigilance, questionne les ombres de ton esprit, étudie la nature de cette confusion. Car en discernant sa vérité, tu t'en libéreras.

TRANSITOIRE OPPOSÉ À ÉTERNEL

Regarde autour de toi. Tout ce qui est tangible est transitoire. Même le fondement sur lequel tu construis ta vie est fragile. Quelle fondation éternelle peux-tu établir ? Ni ton corps, ni ton esprit ne sont éternels. Ainsi, cherche au-delà, dans les profondeurs des mystères kabbalistiques.

EXAMEN DE LA CONSCIENCE

Avant de t'enfermer dans des croyances, examine ton état de veille. Tu verras ses imperfections, ces moments où ton esprit vagabonde, oubliant même sa propre existence. Ne confonds pas les lacunes de ta mémoire avec des absences de conscience. Car la vraie existence est une quête spirituelle, non une construction intellectuelle.

QUÊTE DE LA PURETÉ

Aspire à un esprit et un cœur purs, exempts des turpitudes émotionnelles de ce monde. Car en plongeant dans ta véritable essence, avec une vigilance paisible, tu trouveras la paix éternelle, comme le promettent les maîtres de la Kabbale.

NATURE DE LA CONSCIENCE

Chercheur des mystères célestes, comprends-tu la nature de la Conscience ? Cette Conscience primordiale, sans commencement ni fin, demeure éternelle. Elle n'est pas fragmentée, elle ne change pas. Tandis que la conscience est une réflexion, un état d'être en relation avec quelque chose, la pure Conscience est l'essence même de l'Être, totale et immuable.

LA CONSCIENCE DANS L'EXPÉRIENCE

Dans chaque moment de conscience, la pure Conscience réside, rendant possible toute expérience, toute perception. Même le simple acte de prendre conscience de ta propre conscience émane de cette Conscience originelle. En sondant profondément les courants de ta conscience, tu te rapproches de cette Conscience primordiale, reconnaissant cet état originel, cette essence fondamentale qui est à la fois Vie, Joie et Amour.

Perception et réalité

L'ignorance t'a fait voir le monde comme réel et toi-même comme une illusion. Cette fausse perception est la source de ta souffrance. En éveillant ta vision intérieure, tu comprendras que seul le Nom Unique est la réalité éternelle, tandis que tout le reste est éphémère. C'est dans cette réalisation que tu trouveras Liberté, Paix et Joie. Ce chemin est simple : apprends à voir les choses non pas comme tu les imagines, mais comme elles le sont véritablement. En percevant chaque chose dans sa véritable essence, tu te verras également dans ton essence vraie.

Polir le miroir de la conscience

C'est comme polir une plaque de cuivre, qui alors reflètera le monde et te montrera ton vrai visage. Et sache que ta pensée et tes actes sont les outils pour polir ce miroir.

14. L'Éclat mystique : *Entre l'or de la conscience et l'énigme de l'absolu*

L'Or de la Conscience

Chercheur des vérités cachées, sais-tu vraiment ce qu'est l'univers dans lequel tu te tiens ? Depuis les hautes sphères de la pensée kabbalistique, je t'implore d'écouter, de sentir, de plonger dans l'océan de la Conscience.

Mystère de la Création non-conditionnée

D'un point de vue supérieur, depuis les hauteurs de l'Arbre de Vie, le monde est dépourvu de conditions. Tout existe sans condition, sans contrainte. Pourquoi, alors, cherches-tu des causes là où il n'y en a pas ? Lorsque tu tentes de façonner ton monde à travers les limites du temps et de l'espace, tu te retrouves pris au piège de ta propre quête de causalité. En posant une question, tu détermines déjà sa réponse, liant ainsi le monde aux chaînes illusoires de ta perception.

La Lumière immobile de la conscience

À mes yeux, tout n'est qu'Infinie Lumière. De la même manière que tu discernes sur l'écran de cinéma la lumière, sans être trompé par l'illusion du mouvement. Cette lumière immobile, elle n'oscille pas. Le mouvement perçu est une chimère, une séquence de jeux d'ombres et de lumières, tout comme le film qui danse est une manifestation de l'intellect.

Le tissu infini de l'interconnexion

Oui, les choses sont interconnectées dans cette danse cosmique. Chaque parcelle d'existence est influencée par l'écho de l'univers tout entier. Une chose est ce qu'elle est uniquement parce que l'univers est ce qu'il est. Mais, considère ceci : tu t'attardes sur les bijoux, tandis que moi, je médite sur l'or. Entre deux créations, où est la causalité ? Lorsqu'un bijou est fondu pour donner naissance à un autre, ils ne sont liés que par leur essence d'or. Mais l'or, en lui-même, ne cause rien. Il « est » simplement, reflétant dans l'intellect sa forme et son nom.

La transcendance de la causalité

Alors, pourquoi te préoccuper si fébrilement de la causalité ? Quelle importance peuvent bien avoir les causes lorsque tout est éphémère ? Embrasse le flux de l'existence. Accueille ce qui se présente à toi et libère ce qui s'éloigne. Pourquoi s'accrocher désespérément à la quête des causes ?

L'absolu par opposition au relatif

Enfin, je t'interroge, âme en éveil : pourquoi te confiner dans le prisme du relatif quand l'absolu t'est accessible ? L'absolu, ce royaume où tout est et n'est pas, t'attend. Nourris-tu une crainte de cet absolu ? Je t'invite à dépasser cette peur, car là réside la vérité des mystiques, le cœur de la Kabbale.

Lumière éternelle

Tu es immergé dans la Lumière éternelle, l'essence primordiale de tout ce qui existe. Il n'y a rien d'autre que cette Lumière. Ce que tu perçois comme formes, ombres et images ne sont que des manifestations de cette Infinie Lumière. La Lumière est en toi et tu es dans la Lumière.

L'illusion des dualités

Relâche ton emprise sur les notions de vie et de mort, d'identité et d'altérité. Ces concepts ne sont que des illusions éphémères qui te distancient de la Vérité suprême. Ne te méprends pas en pensant que tu résides dans le monde. Au contraire, le monde entier réside en toi. Ta perception du temps, de la naissance et des relations terrestres n'est qu'une ombre de la Réalité supérieure.

Souvenir et oubli

L'erreur tragique de l'âme est d'oublier sa véritable nature, de s'identifier à la projection plutôt qu'à la source lumineuse. Tu te perds dans les émotions des personnages de cette grande pièce qu'est la vie, oubliant que c'est toi-même qui l'as créée. Le monde que tu perçois est le fruit de tes désirs et de tes craintes. Tu es le scénariste, le réalisateur et le protagoniste de ce drame.

Reconnaissance et transformation :

Tout pouvoir de transformation réside en toi, car tu es le créateur de ton univers. Si tu souhaites changer le monde, embrasse cette vérité et œuvre avec détermination. Tout ce que tu conçois peut être dissous et recréé selon ta volonté. Seulement, ne te laisse pas tromper par l'illusion, car confondre l'apparence avec la réalité est une erreur grave qui engendre le chaos.

Essence et action

En ton cœur, tu es la Connaissance pure et la Conscience absolue, illuminant et animant tout. Tout le reste n'est que le jeu du temps et de l'espace. N'oublie jamais ta véritable essence. Mais tant que tu te trouves dans cette danse de la dualité, agis avec passion et dévotion. Laisse la Sagesse kabbalistique guider tes actions, car en travaillant avec amour et discernement, tu rapproches le ciel et la terre.

Saisis cette vérité, allie l'action au savoir, et dans cette alliance, tu trouveras la clef de la libération des âmes.

15. **Retour à l'Infinie Lumière** : *La rotation cosmique de l'âme*

Cher voyageur des éthers mystiques, entends l'appel des anciens sages de la Kabbale.

Le rôle passif du miroir

Comme un miroir poli ne fait rien d'autre que refléter la pureté du soleil, ton intellect, lorsqu'il est affiné et purifié, devient le réceptacle de la lumière suprême. Ne cherche pas activement cette lumière ; contente-toi simplement d'être, de rester pur, et elle viendra à toi. La véritable perfection réside en cet état de clarté intérieure.

La transcendance de l'existence

Toi, qui cherches à transcender les limites de l'existence, sache que Je demeure au-delà des fluctuations de ton esprit, qu'il soit en paix ou en tumulte. Je suis la Présence (*Shekhinah*) constante, éternelle, transcendant l'être et le néant. En toi, il y a cette essence éternelle qui dépasse les réalités tangibles.

Le pouvoir libérateur de la méditation

Plonge profondément en méditation, cher voyageur. C'est à travers cette précieuse pratique que tu découvriras les chaînes qui te lient au matériel, les entraves qui emprisonnent ton esprit. Une fois reconnues, ces entraves pourront être déliées. Une fois libéré, tu auras accompli ton rôle dans cette danse cosmique. Et sache que c'est « Lui », cette force supérieure qui a suscité ton désir de vérité, qui continuera le travail en toi.

Le témoin éternel des cycles de la vie

Interroge-toi : n'étais-tu pas témoin de ton propre commencement dans ce monde ? Ne seras-tu pas là lorsque tu quitteras cette forme mortelle ? Cherche celui qui demeure, qui reste constant à travers les cycles de la vie et de la mort, et en Lui, tu trouveras les réponses que tu cherches.

L'UNION AVEC L'ÉTERNEL ET L'HARMONIE DU MONDE

Lorsque tu réalises l'Éternel, tu deviens cette force universelle, t'unissant à la danse cosmique de la Création. Chaque moment, chaque événement, émane de cet Unique Tout et y retourne. Lorsque tu agis à partir de cette unité, chaque réponse à la vie surgit naturellement, sans effort, au moment exact où elle est nécessaire. La Vérité suprême ne tolère aucun retard.

LA QUÊTE DE LA SOURCE ORIGINELLE

Je te le répète, chercheur spirituel : découvre celui qui a toujours été là, de ton premier souffle à ton dernier. C'est en trouvant cette Source originelle, en y retournant, que tu dissoudras tous les problèmes et mystères qui t'entourent. Seulement en plongeant dans l'Océan infini de la contemplation et du détachement, tu trouveras les solutions.

16. La quête de l'Être : *Méditations sur la vérité ésotérique*

En tant qu'aspirant à la vérité éternelle, selon les enseignements des maîtres de la Kabbale, permets-moi de te guider dans le labyrinthe de la conscience humaine.

LA NATURE ILLUSOIRE DU MONDE CONDITIONNÉ

Tout d'abord, sache que dans ce monde des imaginaires, ce qui est conditionné ne saurait être considéré comme réel. La véritable essence est au-delà des contraintes et des limitations ; elle est totalement indépendante. Ta perception personnelle est intrinsèquement liée à la structure du monde, elle est définie par lui. De ce fait, elle ne peut être considérée comme une vérité absolue.

La volatilité de l'image de soi

Considère les rêves : bien qu'ils semblent réels lorsqu'ils sont vécus, ils ne sont que des illusions éphémères. Tout ce que tu perçois, ressens ou penses possède une certaine existence, mais cela ne signifie pas qu'il représente la réalité ultime. Ce que tu perçois de toi-même aujourd'hui pourrait être différent demain. L'image que tu as de toi-même est en constante mutation, aussi insaisissable que le vent et aussi fragile qu'une fleur.

La quête d'auto-identification

Est-il donc surprenant que cette image puisse être altérée par le moindre événement ? Une simple remarque, une perte, une offense, et voilà que ta perception se métamorphose. Pour véritablement te connaître, il est impératif d'abord de discerner ce que tu n'es pas. Ce voyage d'introspection demande un examen minutieux de soi, un rejet de tout ce qui n'est pas aligné avec la vérité profonde de l'existence : *ani qayam* (« je suis »).

Surmonter les conditionnements pour atteindre la vérité

Que signifie réellement « je suis », sans être défini ou limité par des attributs ? Il est vrai que nos conditionnements sociaux et nos habitudes intellectuelles rendent cette quête ardue. Cependant, une claire compréhension de ton véritable moi facilitera ton voyage. Reconnais que tout ce qui peut être défini à ton sujet est en réalité limité et conditionnel. En embrassant ce principe, tu accéléreras ta progression vers la réalisation de ton Être illimité, cet état de conscience du Merveilleux que les maîtres de la Kabbale ont toujours cherché à atteindre.

17. L'énigme du témoin de l'Infini : *De la Connaissance de l'Inconnu*

En puisant dans les profondeurs mystiques de la Kabbale, et avec une inspiration qui transcende le royaume des mots, je te présente une réflexion :

L'ÉCHO DU PROPHÈTE

Cher voyageur, tu n'es jamais la simple figure que tu perçois dans le miroir. Ce que tu observes est une simple apparition, une émanation, mais n'est pas ton essence véritable. Lorsque tes yeux se posent sur une personne, sache que tu ne la contemples pas seulement, tu es l'écho éternel de l'Infini, témoignant de son existence à travers l'entrelacement de l'espace et du temps.

La *Rouah*, cette présence éthérée qui est en toi et hors de toi, t'invite à être un pont, reliant la pureté absolue à la conscience fluctuante de l'individu. Lorsque la Révélation se manifestera en toi que rien de ce que tu vois ne pourra s'identifier par le moi, alors les chaînes qui lient ton âme aux multiples facettes de ton être seront rompues.

Cette sensation intime, ce murmure du moi, est en toi. Il est indissociable de ton essence. Mais, combien l'humain se perd en attribuant cette sensation à des étiquettes éphémères. Ces identifications trompeuses deviennent des entraves, des illusions qui te lient au monde matériel.

La Source de Tout Être

N'oublie jamais que la Source de la conscience transcende la conscience elle-même. C'est en cette source que tu trouves ta vérité. Et lorsque l'aube de la réalisation brillera en toi, montrant que tu es le témoin, ce témoin éternel, silencieux et pur, alors tu frémiras dans l'immensité de la *Rouah Élohim*. Cette vibration, la source de tout, est une potentialité sans fin.

Tout comme l'œil unique voit un monde d'objets divers, le Souffle Créateur apparaît comme un singulier absolu au cœur de la multiplicité. Dans cette danse cosmique, ne te perds pas en cherchant les causes ou les raisons. Car en réalité, chaque manifestation est sa propre cause, son propre principe.

La connaissance de l'inconnu

De ton point de vue d'être corporel, le monde est ce qui est connu, tandis que l'Infini reste l'Inconnu, l'insondable. Mais, mystérieusement, de cet Inconnu naît le connu. L'infini reste cependant un mystère, une énigme éternelle, une infinité d'infinis.

Tout comme un rayon de lumière se révèle lorsqu'il est intercepté par des particules, l'Infini, se fait connaître à travers ses *sefiroth*, tout en restant lui-même inconnu. La proximité de l'Infini n'est pas difficile, car il est en toi, il est toi. Pour le ressentir, il suffit de libérer ton esprit des désirs terrestres et des distractions, et de te tourner uniquement vers Lui.

18. La Quête ésotérique de la vérité : *Une immersion dans l'être intérieur*

Le miroir de la vérité simple

La vérité, chère âme en progrès, est d'une simplicité lumineuse. Pourquoi alors t'envelopper dans le voile complexe de la confusion ? Elle rayonne d'un amour pur, embrassant tout, purifiant tout.

Le mirage de la non-vérité

En revanche, la non-vérité est telle une ombre insaisissable. Elle est affamée, toujours en quête, exigeante. Se basant sur le mirage, elle est constamment à la recherche de validation, craignant la lumière de l'examen.

Le désir : Une illusion persistante

Tous les désirs, même ceux considérés nobles, te mèneront à une quête sans fin. Pourquoi laisser le désir t'égarer, quand en réalité, le vrai trésor réside en toi ?

La nature éphémère du temps

Le temps, cher initié, est une illusion. Chaque moment naît du néant et retourne au néant. Comment alors bâtir ton existence sur une fondation aussi fugace ?

L'essence du soi

Plonge profondément en toi, découvre cette essence immuable, cet observateur silencieux. Au-delà des apparences et des identités éphémères, cherche cette question primordiale : « Qui suis-je ? », lorsque je dis « moi », qui parle ?

Au-delà de la dualité de vertu et de péché

Laisse derrière toi les conventions du bien et du mal, du péché et de la vertu. Ces notions ne sont que des errements rattachés à l'identité du moi. Dans l'immensité de la Conscience Pure, ces dualités n'ont pas de place.

L'impersonnel et le personnel

Ce que tu crois être, cette personne que tu penses être, est éphémère. L'essence impersonnelle, est éternelle. Libère-toi des chaînes de l'identification et découvre l'Être pur qui réside en toi.

Un appel à l'éveil

Je ne te demande pas de renoncer à l'existence, mais simplement de voir au-delà des illusions, de tourner ton regard vers l'horizon du Monde-à-Venir (*Ôlam haBa*). Pourquoi laisser les notions de péché et de vertu t'obscurcir, quand en réalité, tu es au-delà de ces dualités ? Tu es l'Être, la Sagesse, et l'Amour dans leur forme la plus pure.

Chercheur spirituel, je t'invite à embrasser cette vérité, à plonger profondément en toi et à découvrir le trésor intemporel de ton véritable soi.

19. Vers la lumière intérieure : *Une odyssée de l'âme à travers les désirs*

Chère âme en quête de vérité, plonge-toi dans les méandres de cette sagesse issue des anciens maîtres de la Kabbale :

La nature des désirs et leurs origines

Chaque pulsation de ton cœur, chaque souffle que tu prends, est une quête du bonheur, un écho de l'Infini appelant à l'éveil. Mais, voyageur, comprends bien que la nature et la forme de ces désirs sont façonnées par les profondeurs de ton âme. Lorsque l'inertie engloutit ton être, elle donne naissance à des désirs corrompus. Sous l'influence d'un mauvais penchant, les passions ardentes se déchaînent. Mais dans la lumière de la clarté (*Bahir*), les désirs sont purifiés et deviennent des instruments de compassion, poussant à offrir le bonheur plutôt qu'à le chercher égoïstement.

La Suprématie de l'Être infini

Cependant, sache que même au-delà de ces états de conscience, demeure l'Être infini, le Tout-puissant, qui dépasse toute compréhension humaine. Sa magnanimité est telle qu'Il permet l'existence de tous les désirs, mais seuls ceux qui ne sont pas contradictoires en eux-mêmes, ceux qui jaillissent d'un amour sincère, d'une volonté altruiste et d'une compassion authentique, trouvent leur écho dans l'Univers.

L'Univers en réponse à la compassion

Car tout dans l'Univers répond à la calligraphie de l'Être infini. Les désirs purs, nés de la compassion, sont comme des aimants pour le *Shéfâ* universel. L'Être infini, dans son infinie Sagesse, reconnaît ces désirs et œuvre pour les manifester.

L'origine et le potentiel de l'inconnu

Tout ce qui existe a une origine, et cette origine est le Grand Tout, la Source, l'Émanation première, que les kabbalistes appellent *Atsilouth*. Tout comme une graine, aussi minuscule soit-elle, porte en elle le potentiel d'une forêt luxuriante, de même l'Inconnu, l'Être infini, recèle tout le potentiel du connu et de l'inconnu, du passé, du présent et du futur.

Silence, désir et véritable liberté

Ce silence que tu ressens, c'est le silence de ton âme. Les désirs, chercheur, ne sont que des reflets éphémères dans le miroir de l'intellect. La véritable liberté réside dans la capacité à transcender ces désirs, à ne pas être esclave de leur accomplissement. Car la vraie connaissance de soi vient de la compréhension que tu es bien plus que ces désirs éphémères. La libération n'est pas une fuite, mais une étreinte véritable de ton âme, une reconnaissance que tu es au-delà des limitations de la naissance et de la mort.

L'expérience comme voie de Sagesse

Mais pour parvenir à cette réalisation, il est nécessaire de confronter l'être à son opposé, le non-être. Le contraste crée l'expérience, et c'est cette expérience qui éclaire la voie de la véritable Sagesse. Et si, au cœur de cette quête, tu te sens perdu, souviens-toi de chercher la guidance de ceux qui ont déjà traversé ce chemin. Car en connaissant ceux qui savent, tout devient connu.

La quête de l'Infinie lumière à travers la méditation

Alors, chère âme en quête, plonge-toi profondément dans la méditation et découvre le royaume de la paix éternelle, où règne l'Être infini, et où tout, en essence, est Un. Dans cette illumination, tu ne seras plus un simple observateur, mais deviendras l'observateur suprême, le témoin éclairé du Monde-à-Venir (*Ôlam ha-Ba*), un prophète.

20. La danse subtile de l'âme et de l'esprit : *Une exploration ésotérique*

L'Art de la Remémoration

Noble chercheur, lorsque tu te souviens de ta véritable essence, tu te rapproches du divin, de la lumière secrète de la Kabbale. Oublier cela, c'est s'égarer dans les ténèbres, perdant de vue l'étincelle divine qui réside en toi.

Néfésh, le pont mystique

Le lien sacré qui unit l'esprit à la matière, nous l'appelons *néfésh*, ce fragile pont entre *Ôlam haZéh* et *Ôlam haBa*. Lorsque cette psyché est jeune, elle peut être trompée par les illusions du monde matériel. Mais, à mesure qu'elle s'élève et s'élargit, elle forme un passage parfait, faisant resplendir la matière avec l'éclat du spirituel.

La vraie nature du péché

La simple union d'un corps et d'un esprit ne te condamne pas aux erreurs de ce monde. Il existe un troisième élément caché qui influence nos actions. De nos jours, les générations plus modernes et progressistes s'écartent des anciennes sagesses, déclarant que le péché n'existe pas et que l'abandon aux désirs éphémères est justifié.

L'évolution des vertus

Certains, en rejetant les traditions et les enseignements anciens, se guident uniquement par les lois terrestres, craignant plus la réprimande des hommes que celle de l'Être infini. Toutefois, même dans leur défi, une vérité demeure : nos perceptions du bien et du mal évoluent, tout comme la Kabbale nous enseigne que l'Infinie Lumière est en perpétuelle transformation. Aujourd'hui, un acte pourrait être vu comme noble, alors que demain, il pourrait être jugé sévèrement.

Cher initié, je t'invite à plonger profondément dans les mystères de la Kabbale, à embrasser la lumière intérieure et à naviguer avec Sagesse dans cet *Ôlam haZéh* en constante évolution.

21. Le souffle mystique : *La révolution intérieure et extérieure*

L'INITIATION AU TSÉIROUF

Aspirant sur le chemin de la Kabbale, lorsque tu te lances dans la pratique sacrée du *tséirouf* des lettres et de l'*hazkarah*, ton voyage demande une résolution inébranlable. C'est une danse délibérée entre la lettre et l'esprit. Cependant, avec le temps et une pratique assidue, tu deviens l'incarnation même de cette méditation, que tu en sois conscient ou pas.

L'ART SUBTIL DE L'INCONSCIENT

Une méditation spontanée, sans l'entrave de la pensée consciente, est une merveille, car elle est pure et stable. Bien souvent, l'extérieur peut tromper. Celui qui semble inactif pourrait être en train de rassembler ses forces intérieures, prêt pour une transformation profonde.

L'ÉCHO DE L'INTÉRIEUR

Chaque action extérieure n'est qu'une réponse à l'appel intérieur. Le *tséirouf* des lettres est la mélodie de cette danse, où l'intérieur chante et l'extérieur danse. Ton extérieur, en harmonie avec cette mélodie, peut apporter la paix et éloigner le désir et la peur.

La réalité à travers la négation

Les conseils qui t'entourent sont souvent des négations, te guidant vers ce qui ne doit pas être plutôt que vers ce qui doit être. Même la description de la vérité ultime est livrée dans des termes négatifs, nous rappelant que ce qui est éphémère ne peut être réel.

L'essence de l'Amour

Au cœur de chaque désir, de chaque peur, de chaque connaissance, il y a l'Amour. L'Amour est la force qui tient l'univers ensemble, la puissance qui transcende les formes. Quand tu connais le véritable nom d'une chose, tu l'appelles à toi. De même, évoquer le Nom (*HaShém*) par l'un de ses noms véritables le fait surgir dans ton être.

La force de la foi

Depuis les temps anciens, des « Noms saints » ont été imbriqués d'énergies puissantes, renforcées par d'innombrables répétitions. Marche sur cette route ancestrale avec foi, car elle est ton guide vers la vérité.

Au-delà de l'illusion

Tel l'eau se transformant en vapeur et s'élevant vers les cieux, tu transcenderas ta forme, fusionnant avec l'essence pure. L'être éveillé, libre de toute illusion, vit dans une harmonie parfaite avec l'Infini. Il est la preuve vivante que l'éveil peut transcender tout dogme ou doctrine, car sa vérité réside dans la pureté de son être.

Ainsi, en marchant sur le chemin mystique de la Kabbale, puisses-tu découvrir l'équilibre délicat entre l'intérieur et l'extérieur, fusionnant l'Amour, la Foi et la Réalisation en une danse harmonieuse.

22. **Méditations sur le réel :** *Voyage entre le vide et la plénitude*

Cher aspirant sur le chemin ésotérique de la mystique, plonge-toi dans la compréhension des mystères cachés dans les recoins du vide et de la plénitude. Voici une lumière pour guider ta quête intérieure.

LA NATURE INSAISISSABLE DU RÉEL

Lorsque tu contemples le vide, sache qu'il s'ancre dans la conscience. Mais rappelle-toi, le plein et le vide sont des échos de réalités relatives, des mirages sur le chemin de l'Infini. Ce Réel, il est insaisissable, car il transcende toute conscience, toute relation.

LA CONSCIENCE ET L'ABSENCE

Tu pourrais te perdre en pensant au Réel comme à un état. Mais ne te fourvoie pas ! Il n'est pas une simple phase de la *rouah*, du *sékhél* ou de la *néfésh*. Il ne commence ni ne finit ; il embrasse tout en restant détaché des dualités. Il est lorsque la conscience elle-même s'est évanouie.

L'ÉVANESCENCE DES PROCLAMATIONS

En ce lieu saint, ce sanctuaire de l'âme, les appellations *Adam* ou *Élohim* se dissipent, car seul règne un silence profond, une obscurité lumineuse. Mon monde, cher quêteur, ne possède aucune marque pour le définir. Il est un miroir de moi-même, complet et parfait, où les mots et leurs contenus s'évaporent comme brume au matin. Ton monde est en constante mutation, tandis que le mien demeure immuable. Mon silence est une mélodie céleste, mon vide est d'une plénitude éblouissante, et il ne me manque rien.

LE CHEMIN VERS LA DÉCOUVERTE

Si tu veux vraiment pénétrer la nature de mon monde, contemple le tien sans illusions. Distingue la vérité des ombres. Le discernement te guidera vers un détachement pur, et l'action juste sera le pont vers ton véritable être. Agis avec foi et diligence, et tous les voiles tomberont.

LA DUALITÉ DE LA VIE ET DE LA MORT

Ne te laisse pas tromper par les chimères de la vie et de la mort. Alors que tu me perçois en vie, je suis déjà au-delà. Lorsque tu penses que je ne suis plus, mon essence brille toujours.

LE LÉZARD, SYMBOLE D'ISOLATION

Pense au lézard qui se repose paisiblement dans le rocher, ignorant le tumulte extérieur. Ainsi, lorsque tu parles de mon monde comme inexistant, nous nous tenons sur des rives opposées, sans moyen de traverser.

La quête du guérisseur

Imagine-toi te tournant vers un guérisseur pour apaiser une douleur du corps. Même si cette douleur est mentale, elle demeure réelle pour toi. Cherche donc un véritable maître, quelqu'un capable d'apaiser tes maux, de te guider sur le chemin de la vérité.

Voyageur du mystère, sois patient et persévérant. Les clés de la Sagesse ésotérique se trouvent déjà en toi, attendant simplement d'être découvertes.

23. Échos de l'Infini : *Méditations sur la quête éternelle*

Plonge-toi, cher initié, dans les mystères profonds de la Kabbale, car en toi réside la Sagesse ancienne, celle qui transcende les voiles de l'illusion.

L'essence de la Félicité (Hédvah)

L'expérience t'a-t-elle déjà révélé que tout est en essence Félicité (Hédvah) ? Pourtant, tu dois comprendre, chercheur de vérité, que c'est le désir même de cette Félicité qui engendre les chaînes de la souffrance. Ainsi, cette Félicité, quand elle est convoitée, se métamorphose en une graine amère de douleur. L'entrelacs infini de la souffrance que tu observes dans ce monde (Ôlam haZéh) provient de cette soif inextinguible de désir. Abandonne la quête effrénée du plaisir, et tu découvriras que la souffrance s'évaporera, devenant méconnaissable à ton esprit.

L'ÉDUCATION DE L'ÂME

N'as-tu jamais remarqué, âme en quête, comment un jeune enfant à l'école s'imprègne de connaissances, dont beaucoup se révèleront superflues au fil du temps ? C'est l'essence même de ton voyage spirituel : tu t'abreuves d'expériences innombrables, oubliant la majorité d'entre elles, mais tout en grandissant et en évoluant. Et dans cette quête, le véritable sage se distingue non par une érudition vaine, mais par une profonde perception de la réalité.

LA DIVINE CONCEPTION

N'imagine pas un instant que ce monde (*ôlam hazéh*), qui est à la fois le tien et le miroir de l'Infini, et le fruit des combinaisons d'événements. Dans chaque souffle de la Création, il existe un dessein, une intention suprême. Ta quête n'est-elle pas de découvrir ce plan sublime ? Mais rappelle-toi toujours : le pont que tu cherches à construire n'est pas nécessaire, car ton essence n'est pas liée par la naissance ou la mort. Tu es éternel.

LA QUÊTE DE SOI AVANT LE MONDE

Pourquoi te préoccupes-tu des affres du monde, sans d'abord plonger dans les profondeurs de ton propre être ? Aspires-tu à être le sauveur du cosmos ? Mais comment peux-tu sauver le vaste univers sans d'abord te libérer toi-même ? Et cette libération, qu'est-ce sinon la reconnaissance de la Vérité, de voir au-delà des illusions ?

Au-delà de la dualité

Médite sur ceci : il n'existe aucune relation véritable entre toi et le monde extérieur, car tu es à la fois dedans et au-delà. Tu es à la fois intime avec l'univers et insaisissable. Dans ta réalisation profonde, tu découvriras que ton véritable état est de pur bonheur et de conscience. Il ne dépend pas du monde matériel.

La destructive construction

Viendra un moment dans ta quête où tu sentiras le besoin d'ériger les fondations de ta Sagesse. Il te faudra alors trier, évaluer et, sans pitié, détruire ce qui n'a plus de valeur. Dans cette destruction se trouve la véritable Création, car rien dans cette illusion n'a de valeur intrinsèque. Pour atteindre l'essence, tu dois embrasser une passion intense pour le détachement.

Puisses-tu, âme cherchant la lumière, naviguer avec Sagesse dans les courants de cette existence.

24. L'échelle mystique : *L'essence du kabbaliste et la danse de la dualité*

La nature des désirs

Cher initié, en chemin au cœur des enseignements anciens de la Kabbale, une vérité immuable se révèle à toi : le penchant (*yétsér*).

Certains penchants, doux et éphémères, peuvent être transcendés par l'introspection profonde et la méditation contemplative. Mais d'autres, puissants et profondément enracinés dans l'âme, demandent à être vécus, à être embrassés jusqu'à ce que leurs fruits soient pleinement savourés.

L'ESSENCE DE LA CONSCIENCE

Sur le chemin sacré de la Connaissance, chaque pas volontaire, chaque réflexion illuminée est une bénédiction, une ascension vers la lumière éternelle. Car bien avant que la Création ne se manifeste, la Conscience primordiale existait déjà. Le monde, dans sa danse éphémère, naît, vit et retourne à cette conscience pure, cette lumière d'où tout émane.

L'EXISTENCE ET LA PRÉSENCE

Au commencement de chaque souffle, il y a cette sensation fondamentale d'être. L'imaginaire peut s'égarer en pensant « il y a un monde », mais rappelle-toi, chercheur, que ta propre existence ne dépend pas de ce monde. Au contraire, le monde dépend entièrement de toi, de cette conscience que tu incarnes.

L'ERREUR DE L'ORGUEIL

Il est essentiel de vivre dans cette présence consciente, de s'immerger pleinement dans la vie, d'y trouver son éclat spontané. Pourtant, nombreux sont ceux qui, dans leur ignorance, confondent l'éclat du matin avec la plénitude du midi, une simple étincelle avec la lumière éternelle. Ils risquent alors de dilapider cette sainte lumière par un orgueil démesuré. Adepte, l'humilité et le silence sont les véritables pierres angulaires du Sage. Seul celui qui a atteint une parfaite maturité spirituelle peut s'abandonner à une spontanéité totale.

LA MATURITÉ SPIRITUELLE

L'essence infinie en toi, comme un fruit sacré, doit mûrir. Jusqu'à ce moment de maturité, la discipline, l'immersion totale dans la *Shekhinah*, doit demeurer. Avec le temps, cette pratique s'affine, devenant si subtile qu'elle transcende toute forme.

LA BEAUTÉ DE LA DUALITÉ

La dualité, Chercheur, n'est pas en soi une malédiction, tant qu'elle ne sème pas la discorde en toi. La multiplicité et la diversité, lorsqu'elles dansent en harmonie, engendrent la véritable béatitude. Dans cette Conscience pure, la Lumière Infinie réside. Et c'est à travers le contact, la communion des âmes, que naît la chaleur de l'amour, l'ultime union.

LA NATURE ILLUSOIRE DES RÊVES

Chaque rêve est une toile tissée par l'âme endormie. Au réveil, ces rêves semblent nombreux, mais en vérité, ils ne sont que reflets d'un imaginaire silencieux. Toutefois, même ces souvenirs éveillés ne sont que des illusions, car se souvenir de l'illusion ne fait que renforcer son emprise.

LA QUÊTE DE LA VÉRITÉ

Il est impératif, dans ta quête, de discerner le vrai du faux. La mémoire en elle-même n'est pas corrompue, mais son contenu peut l'être. Rappelle-toi les vérités éternelles, et laisse les opinions éphémères s'évanouir. Car seule la Présence pure, libérée du désir et de la peur, révèle la vérité absolue.

25. Méditations sur le retour à l'essence

L'INVITATION À LA NÉGATION

Quêteur du chemin de la *Teshouvah* (retour), tu es appelé à la négation complète de ton ego. Immisce-toi là où le néant est la seule réalité, où ni les mots ni les pensées n'ont de refuge. Dans cette obscurité, tu découvriras que c'est la conscience elle-même qui éveille l'esprit et qui tisse le tissu de la résille de ce monde à partir de souvenirs et d'imagination.

LE RÔLE DE L'ESPRIT

L'esprit humain, dans sa splendeur, est doté de la capacité d'établir des objectifs, de les poursuivre avec détermination, d'imaginer, de dynamiser, et de démontrer un courage sans faille. Oui, ce sont là les reflets de l'Être infini. Mais sache que mon essence réside dans un espace où il n'y a aucune distinction, où l'intellect et ses créations n'ont pas de place. Dans cet espace, je trouve ma véritable demeure.

Interactions et libération des chaînes

Tout ce qui se présente à moi, ne m'affecte pas. Car, dans la danse cosmique, tout interagit avec tout. Si tu te libères des chaînes de la mémoire et de l'espoir, tu te découvriras dans un état d'éveil pur, plein d'innocence et de chaleur.

Le pouvoir du désir et ses implications

Chercheur, sais-tu que c'est le désir qui pousse l'esprit à tisser des mondes ? Même le plus infime des désirs peut donner naissance à une série d'actions et, à l'inverse, un désir immense peut créer un univers entier. Comme une étincelle peut enflammer une forêt, le désir illumine la flamme de la manifestation. Fais donc attention à ce que tu désires.

Quant à ceux que tu souhaites aider, ils sont immergés dans leurs mondes respectifs, façonnés par leurs désirs. Guide-les vers des désirs nobles, pour qu'ils puissent transcender leurs illusions et être libérés des cycles incessants de la création et de la dissolution, des roues de souffrance et de plaisir.

Le cycle de l'existence et le Témoin d'être

Comme un dormeur s'éveille à une nouvelle aube, ou comme un défunt renaît dans une nouvelle existence, les mondes de désirs et de peurs s'évanouissent. Mais le « Témoin d'être », ne connaît ni sommeil ni fin. À chaque battement du Cœur des sentiers merveilleux de la Sagesse, un nouvel univers prend naissance, transcendant toutes les conceptions de l'intellect.

Au-delà de la peur et des attachements

En toi, tout existe et tout est tien. De quoi pourrais-tu avoir peur ? Comme l'eau ne craint pas l'eau, ou le feu ne craint pas le feu, toi, dans ton essence, tu es au-delà de toute peur. Seul l'attachement à une chose, à une forme, génère la peur. Libère-toi de ces attachements et tu découvriras que, dans l'infini néant, il n'y a rien à craindre.

L'action détachée comme chemin de libération

Cher chercheur, sache que dans la vie quotidienne, tu dois agir, non pour toi ou pour les autres, mais pour l'œuvre elle-même. Car une action accomplie sans attachement ni désir, simplement pour l'acte lui-même, est le véritable chemin de la libération. Dans les moments où ton intellect n'est pas engagé, tu es l'essence pure. Cultive cette essence et fais-en ton état naturel à travers la discrimination et le détachement.

26. Les échos de l'Infinie Lumière : *Méditations sur l'essence de l'Être*

Aspirant à la Lumière des mystères anciens de la Kabbale, permets que la Sagesse infinie s'écoule en toi. Assieds-toi, ferme les yeux et écoute, car ce qui te sera révélé est un fragment du Grand Tout.

Éclat de désir et unité divine

Le désir, mon ami, n'est que l'écho de l'imaginaire (*dimion*). Cependant, la véritable union avec l'Innommable est au-delà des limites de cet imaginaire. Dans le saint *Zohar*, nous apprenons que rien n'existe en soi. Tout est un reflet de l'*Ein-Sof* (Infini). Voir Sa lumière en tout être, et percevoir toute création en Lui, est le véritable Amour.

Illusion du moi et la nature éphémère du désir

L'imaginaire (*dimion*), tel un voleur, te susurre : « *C'est moi, cela est mien ! Donne, donne !* » Mais en vérité, qu'est-ce qui peut être proclamé comme « moi » ou « mien » ? Le désir, n'est-il pas qu'une illusion, perçue et définie par l'imaginaire ? En l'absence de cette perception, où réside le désir ?

Perception du monde et conscience universelle

Pourquoi, cher ami dans le sentier, le départ d'un seul humain te bouleverse-t-il, alors que le sort de millions te laisse indifférent ? Les univers naissent et meurent à chaque souffle du Créateur. Serais-tu ému par leur ballet éternel ? Car pour le véritable chercheur, tout ce qui respire et se meut n'est que la manifestation de la Conscience universelle. Et toi, tu es à la fois témoin et participant à ce grand drame cosmique.

La dualité du rêve et la réalité

Considère le rêve, cher initié. De nombreux rêveurs, enfermés dans leurs songes individuels, ne sont troublés par aucun autre. Ces songes sont unis par une unique réalité. Dans nos quêtes égotiques, nous nous égarons du vrai monde de l'expérience partagée, nous perdant dans un voile de désirs, de craintes et d'illusions.

La connaissance de soi et l'oubli

À la base de toute cette confusion réside l'ignorance de notre véritable nature. Pourtant, l'oubli de soi n'est-il pas essentiel à la découverte d'un Soi suprême ? Car la conscience et l'inconscience, telles les deux faces de la *Shekhinah*, coexistent dans une danse éternelle.

Au-delà des états de l'imaginaire

Le jour succède à la nuit, l'oubli à la remémoration. Mais la vérité, cher chercheur, se situe au-delà. Il n'y a pas d'ignorance, seulement l'oubli. Et qu'est-ce que l'oubli si ce n'est une phase naturelle du cycle éternel de la Création ?

La réalisation du véritable soi

Des corps naissent et disparaissent dans le flux de la conscience, mais cette conscience prend racine en moi, et moi en elle. Je suis le Vivant éternel. Car la réalité, telle la *sefirah Kéter*, ne peut ni être prouvée ni réfutée.

Perception divine et la beauté de la Création

Pourquoi chercher un but dans la beauté ? La beauté, telle la rose de Sharon, ne cherche-t-elle pas simplement à être ? Ainsi, l'Être infini est la manifestation de la perfection. La véritable beauté, cher initié, est celle qui est perçue avec une Joie sans fin. Car la Joie (*Hédvah*) est l'essence même de la Beauté (*Tiféreth*).

ÉVEIL À L'INALTÉRABLE

Dans la profondeur de ton essence, il y réside une conscience pure, un état d'être éternel, qui ne demande qu'à être reconnu. Chaque instant que tu passes à t'éparpiller, à courir après des illusions et des mirages, tu t'éloignes de cette essence qui est source de bonheur authentique.

L'effort incessant pour atteindre le bonheur est une quête futile, car le véritable bonheur est un état naturel, un état de grâce qui n'exige aucun effort. Ce bonheur véritable ne se trouve pas à l'extérieur, dans les possessions matérielles ou les réussites passagères. Il est déjà en toi, attendant d'être découvert.

La douleur et le plaisir sont pour toi comme deux faces d'une même pièce, éphémères et transitoires. Alors que le bonheur, dans sa forme la plus pure, est constant, inaltérable. Il ne dépend ni des circonstances ni des conditions externes.

La quête d'objets ou d'expériences dans le but d'atteindre le bonheur est une quête illusoire. Car ce que tu cherches avec tant d'ardeur, tu l'as déjà. Il n'est pas nécessaire de chercher ce que tu n'as jamais perdu. Plonge profondément en toi-même et découvre ce trésor inestimable, ce joyau éternel qui est ta véritable nature. Ce joyau, c'est l'inaliénable. Et lorsqu'on le découvre, on réalise que le bonheur n'est pas quelque chose que l'on poursuit, mais quelque chose que l'on est.

Puisses-tu méditer sur ces paroles et trouver la paix intérieure, la lumière et l'Amour dans la Beauté de la Sagesse.

27. L'essence éternelle : *Méditations sur l'être et l'existence*

Chercheur de vérité, prête ton esprit à cette révélation que l'Académie céleste t'offre.

L'UNION DE L'ÊTRE ET DU DEVENIR

Lorsque tu contemples les profondeurs de ton être, sache qu'au-delà de ton intellect, il n'y a rien que tu puisses réellement appréhender comme une simple expérience. Dans la vraie nature des choses, l'expérience est toujours un état dualiste. Ne te laisse pas leurrer en percevant la réalité comme une expérience éphémère. Quand cette compréhension illuminera ton esprit, tu ne distingueras plus entre l'être et le devenir, car ils sont fusionnés, tout comme les racines se fondent avec les branches d'un arbre séculaire. Ils ne peuvent véritablement exister qu'à la lumière de cette étincelle consciente qui s'éveille lorsque tu ressens profondément ton existence.

LA SENSATION PRIMORDIALE DE L'EXISTENCE

Ce ressenti primordial d'existence (*havayah*) est la pierre angulaire de ton être. Si tu ne le saisis pas, tu risques de passer à côté de l'essentiel. Les paroles ne sont que des paroles, et les pensées, de simples reflets. La véritable essence reste ineffable, bien qu'elle puisse être vécue. La foi, elle, n'est qu'une construction de ton esprit. Dans le Tout Universel, cette sensation d'être s'estompe, tout comme les étoiles s'éclipsent à l'aurore. Mais rappelle-toi que, tout comme le soleil apporte la lumière, la prise de conscience de ton essence t'apporte une Béatitude sans fin (Hédvah).

La source de la joie intérieure

Cette Source de Joie est à chercher dans l'oubli de soi, car c'est là que réside la vraie Liberté. Dans cet état, tu transcenderas les notions de conscience et d'inconscience. Nul besoin de se définir par des convictions ou des étiquettes. Le courage d'exister, de voir le monde pour ce qu'il est véritablement, sans fard, est ta véritable essence. S'imprégner de cette connaissance est une tâche ardue, mais la récompense est grande : car l'Amour pur et la Connaissance sont indissociables.

La réalité ineffable

Ne te perds pas dans les illusions de séparation ou dans un tourbillon de questions. La pureté de ton être ne saurait être mise en mots. La réalité ne repose pas sur l'expérience, car elle en est le socle. C'est dans cette vérité que réside la félicité. Toutefois, ce qui est éphémère, ce qui fluctue entre le plaisir et la douleur, appartient à la dualité de l'expérience.

L'éphémère et la dualité

La vraie Félicité est omniprésente, mais elle ne s'impose jamais. Elle est une essence, pas un attribut. Ton regard pourrait te tromper, te faisant croire aux séparations, mais le sage sait qu'il n'y a pas de distinction. L'humain qui se dépouille de tout ne peut rien offrir d'autre que sa présence. Car dans sa véritable nature, il est tout, et tout est lui. Comment peut-on aider quand il n'y a pas de séparation ? C'est seulement en éveillant son propre esprit qu'un humain peut apporter la lumière.

L'éveil spirituel

Ainsi, l'initié de la Kabbale sait que même le rêveur est une partie du rêve. Celui qui éveille est aussi dans le rêve, mais il annonce la fin imminente. Car même le rêve le plus tenace a une fin. Et dans cette éternité sans commencement, la générosité suprême est de n'être rien, de ne rien posséder et de tout donner.

28. Éclat du soi : *Lumière sur l'essence et l'éveil*

Chère âme en quête, plongeons ensemble dans la profondeur des enseignements ésotériques de la Sagesse.

Le soi et l'introspection

Ton essence intérieure, ce précieux Soi, ne connaît que sa propre lumière. Toutefois, trompé par les voiles de l'ignorance, il tend à confondre ce qui l'entoure avec sa propre essence. Ce n'est qu'après avoir été blessé par ces illusions que tu commences à discerner et à te détacher, à voir le monde avec les yeux de l'esprit plutôt qu'avec ceux de l'ego.

Éveil à la lumière intérieure

Lorsque tu te diriges avec sincérité vers la vertu, une force intérieure, à la fois puissante et guidée par la justesse, t'appelle à retourner à ta source originelle. Alors, telle une chandelle illuminant une pièce obscure, l'éclat intérieur se manifeste, rendant chaque recoin de ton être lumineux et transparent.

Les pièges de l'identification

L'acte de t'identifier aux aspects limités de ton existence te confine. Même la sensation la plus intense n'est en soi source d'agonie. C'est ton esprit, intoxiqué par les illusions de l'identification : « *Je suis ceci ou cela* », qui dans sa soif de posséder et sa peur de perdre, te plonge dans la peine.

La voie de l'humilité

Prends conscience de ta fragilité et de ta vulnérabilité. Car tant que tu te berces d'illusions, te drapant de ce que tu crois être ou posséder, tu te perds. C'est uniquement dans l'acte volontaire de renonciation que tu auras la chance de rencontrer ton véritable Soi.

Perceptions et réalité

Ne te trompe pas, le tangible n'est pas toujours l'authentique. Les impressions forgées par tes sens, façonnées par ta mémoire, requièrent une introspection du véritable sujet de ton expérience, que tu as négligé pendant si longtemps. Accorde-lui ta pleine attention, et dans cet examen dévoué, tu te découvriras sous un jour nouveau, bien au-delà de l'image limitée que tu avais de toi-même.

Destruction et révélation

Tu t'es peut-être perdu en te consacrant à des idoles éphémères, détruisant ainsi ton essence et ton environnement. Toutefois, il est temps d'être égoïste d'une manière éclairée. Recherche ton bien véritable, œuvre pour ton véritable bonheur. Détruis tout ce qui t'empêche de rayonner de joie.

L'amour et l'unité

Toute douleur est enfantée par le *yétsér* (penchant). L'amour authentique, lui, demeure inaltérable. Comment pourrait-on contrarier un sentiment d'unité ? Seuls les penchants de l'imaginaire, toujours insatiables, mènent à l'inévitable frustration. Alors, chère âme, embrasse l'amour qui unit et transcende, et découvre la paix que cela apporte.

29. **Cheminements de l'âme :** *Vers l'Infinie Lumière*

Chercheur de vérité, comprends qu'il est dit que si une âme semble s'égarer sur le chemin sacré de la Kabbale, cette déviation n'est qu'une méprise temporaire. Pour le véritable kabbaliste, l'échec n'est qu'un accident, car dans la danse sacrée entre la lumière et l'obscurité, la lumière triomphera toujours. Pourquoi ? Parce que l'obscurité n'est qu'une absence momentanée de lumière, sans substance ni endurance.

LE VOYAGE ET SES ILLUSIONS

Imagine, disciple, que tu traverses un territoire mystérieux et inexploré. Chaque pas, qu'il soit en avant, à côté ou même en arrière, est une progression nécessaire sur le chemin vers l'éveil. Ne vois-tu pas ? Chaque pas, chaque mouvement, est une danse sacrée, rapprochant l'âme de la Source. Même si tu rencontres des obstacles, ils sont là pour te montrer la voie, pour affiner ton âme et te préparer à la réception (*kabbalah*) de l'Infinie Lumière.

AU-DELÀ DU SUCCÈS ET DE L'ÉCHEC

Dans ce voyage, tu découvriras que la notion de succès et d'échec est simplement un errement de ce monde. Ces concepts sont les fils tissés par l'imaginaire, tentant de donner un sens à l'incompréhensible. Le vrai soi, l'étincelle infinie en toi, sait que ces dualités sont les jeux de l'esprit. Apprends de ces jeux, mais ne t'y attache pas. Car, au-delà de ces perceptions, se trouve la vérité éternelle de ton être, un être qui est toujours en mouvement, toujours en évolution.

L'ÉPHÉMÉRITÉ DE LA VIE

Disciple sur le sentier, la vie n'est qu'un rêve, une danse éphémère de lumières et d'ombres dans le grand miroir de la conscience. Ces images, ces pensées, ces émotions ne sont que des reflets temporaires. Ne te laisse pas tromper par l'illusion de la séparation ou de l'individualité. Sache que tu es bien plus que ces illusions ; tu es une expression éternelle de la Source, une lumière qui brille à travers le voile de l'ignorance.

La vraie réalisation

La véritable réalisation ne se mesure pas en termes de temps ou d'espace, car ces notions appartiennent au *dimion* (imaginaire). La véritable réalisation est une compréhension profonde de l'unité de tout. Elle est la connaissance que, au-delà des apparences, tout est un.

La lumière éternelle

Lorsque cette réalisation éclairera ton être, tu reconnaîtras que tout effort, toute quête, était simplement une partie d'un immense jeu. Dans l'abandon total à la volonté de l'Être infini, tu trouveras la paix et la liberté. Alors, disciple, même dans les moments sombres, sache que la lumière est toujours là, attendant patiemment de briller à travers toi. Dans ce voyage sacré, la destinée est ce qui se déroule, et tout est parfaitement orchestré dans la résille qui a tissé le Monde.

30. Échos de l'âme : *Méditations sur l'essence et le destin*

Toi qui cherches la vérité, permets que le souffle ancien des maîtres de la Kabbale t'éclaire sur le chemin de la connaissance intérieure.

L'origine de la faiblesse mentale

Là où il réside une lacune dans ton intelligence, dans ta compréhension, c'est le fruit d'un manque de vigilance, d'une absence de lumière consciente. C'est dans la quête de cette lumière, que tu trouveras une intégration et un renforcement de l'essence de ton esprit.

Projections et réalités

Tout ce qui se présente devant toi n'est que le miroir de ton imaginaire. Un esprit fragilisé peine à discerner ses propres projections. Lève-toi, sois l'observateur vigilant de ton imaginaire, et prend conscience de ses mirages. Tu ne saurais dominer ce qui te reste inconnu. Car dans la connaissance réside le véritable pouvoir. Pour maîtriser ton être, il te faut plonger dans la profondeur de ta propre essence.

Chaos et illusion du moi

Le tumulte qui agite ton monde n'est que l'écho du chaos de ton imaginaire. Au cœur de ce chaos réside une illusion : celle de percevoir ton être comme une entité isolée, distincte des merveilles qui t'entourent. Réalise ceci : tu n'es pas une entité isolée. Tu es l'Infini, la potentialité sans fin. Car si tu existes, tout est possible. L'univers, dans toute sa splendeur, n'est qu'un reflet de ta puissance innée.

Au-delà de la souffrance et du plaisir

Remonte aux origines des peines et des joies, des peurs et des instincts qui te traversent. Médite, interroge-toi, aspire à la clarté. La souffrance comme le bonheur ne sont que des vagues de ton imaginaire. Tant que tu t'identifies au duo corps-esprit, de telles interrogations surgiront. Bien que les attractions et les répulsions continuent à virevolter dans la danse des effets, elles cesseront de t'affecter. Car ton regard se tournera vers l'intérieur, vers l'essentiel.

Liberté et destinée

Dès cet instant précis tu es déjà libre. Ce que tu nommes destin n'est que le reflet de ton instinct ardent de vivre. Son intensité se révèle à travers la peur universelle de la finitude. Éveille-toi, et embrasse l'immortalité qui réside en toi.

31. Le miroir de l'âme : *Voyage intérieur et quête de vérité*

Voyageur de l'âme, à l'écoute des murmures célestes, entends ce message de la Sagesse qui s'adresse à toi.

Solitude éternelle et mort

En chaque être, une solitude éternelle réside, une quête solitaire vers la vérité. Que des légions périssent ou qu'un seul esprit s'éteigne, la mort reste un voile inévitable. En effet, ce n'est pas la mort ou la souffrance qui te tourmente, mais plutôt la trivialité et l'égarement qui en sont les racines profondes. Ne vois-tu pas que la mesquinerie n'est que l'ombre de la folie, la distorsion d'un intellect non équilibré ?

Usage et détournement de l'intellect

L'humanité, emprisonnée dans ses propres illusions, se trompe souvent dans l'usage de son instrument le plus précieux : l'intellect. À celui qui sait l'utiliser avec sagesse, les trésors cachés du monde visible et invisible s'ouvrent. Mais, hélas, la peur et l'avidité corrompent ce joyau. Seuls l'amour, la vérité, la beauté et la vie authentique peuvent guider l'intellect vers sa noble destinée.

La quête intérieure et réflexion du monde

Chercheur de lumière, tu parcours le monde en quête de vérités éternelles, d'amour et d'harmonie. Mais sais-tu que tout ce que tu cherches réside déjà en toi ? Ce que tu cherches est tout près. Comme l'Arbre de Vie, tu dois d'abord comprendre que ton monde extérieur n'est que le reflet de ton monde intérieur. Commence par ordonner ta pensée, apaiser tes émotions, sanctifier ton existence, et le monde physique suivra cette harmonie. Les réformes extérieures sont vaines si le réformateur n'est pas lui-même en paix.

Nature d'un monde imaginaire et désirs illusoires

Les miroirs célestes te montrent que ton monde est fait de sensations, d'idées, d'attractions et de répulsions. C'est un monde imaginaire, une danse d'énergies subtiles. Les défis que tu rencontres ne proviennent pas de la faim physique ou des besoins biologiques, mais des instincts, des peurs et des illusions. Les solutions se trouvent sur le plan de l'esprit, là où l'intellect peut transcender sa nature limitée.

CONNEXION AVEC LA NATURE PROFONDE

Si tu désires véritablement connaître ta nature profonde, sois présent à chaque instant, à chaque souffle, à chaque pensée. Médite sur l'essence de ton être, affine ton art, élève tes désirs. En te frayant un chemin à travers le labyrinthe de la vie, tu découvriras ta véritable direction, seulement si ton cœur est sincère.

LE PIÈGE DES INSTITUTIONS ET PROXIMITÉ SPIRITUELLE

Lorsque tu établis des institutions, prends garde de ne pas t'y enchaîner. Car la véritable proximité ne se mesure pas en espace physique, mais en confiance, en obéissance et en alignement avec les enseignements de ton guide spirituel. Garde ton maître dans ton cœur et rappelle-toi toujours de ses paroles de Sagesse. C'est ainsi que tu resteras ancré dans la vérité éternelle, quelle que soit la distance qui te sépare de lui.

Ainsi, voyageur, souviens-toi que le monde extérieur n'est que le reflet de ton monde intérieur. Purifie ton esprit, illumine ton cœur, et le Monde tout entier te révélera ses mystères cachés.

32. Éveil mystique : *Voyage à travers la conscience infinie*

Toi, cher voyageur de la lumière, penche-toi sur les enseignements antiques. Les mystères de la conscience t'invitent à t'éveiller à des vérités plus profondes.

LA CONSCIENCE ÉTERNELLE

Ne peux-tu concevoir que la conscience n'a pas de commencement ? Les notions temporelles de début et de durée ne sont que des volutes au sein de cette conscience. Pour véritablement comprendre l'origine de quelque chose, tu dois t'élever au-dessus, mais alors tu discernes que cela n'a jamais existé en tant qu'entité isolée. Tout comme les vagues de la mer, émerge de l'Océan Infini de l'Être.

LUMIÈRE ET OBSCURITÉ

N'est-il pas évident que l'obscurité n'existe pas en présence de lumière ? L'obscurité n'est que l'oubli de son propre être infini. Dans ton égarement, tu te perds dans le *dimion* (imaginaire) du monde, oubliant la lumière qui brille en toi. Pourquoi te laisser submerger par les distractions éphémères ? La vraie Sagesse réside dans la constante remémoration de ton essence pure.

LA NATURE ILLUSOIRE DE L'EXISTENCE

Considère ceci : tout ce que tu perçois, même ton corps, n'est que le reflet d'états passagers de la conscience. Quand tu proclames « *Je suis ce corps* », où est la preuve ? Les vagues incessantes de sensations, d'idées et de souvenirs forment une illusion d'unité. Ne te limite pas à cette forme éphémère, car toute existence est le miroir de ta Conscience de l'Infini.

Le soi au-delà des mots

Même les mots les plus éloquents échouent à décrire ta véritable nature. En étant pleinement présent dans la conscience, tu comprendras que tu es bien au-delà des expériences et des perceptions. C'est dans cette ignorance de ton vrai soi que la peur prend racine.

La mort et la liberté

Beaucoup redoutent la mort, mais as-tu jamais songé à sa vraie signification ? Le sage comprend que la mort est une libération, un passage vers une liberté absolue. En te détachant des chaînes du monde, l'univers entier devient ton domaine, un instrument de ta volonté infinie.

L'art de la discipline

Pour retrouver ta véritable essence, il te faut parfois réajuster ton regard. C'est cette transformation intérieure que l'on nomme discipline. En cultivant la clarté et la compassion, tu verras les signes d'un éveil spirituel inéluctable.

La confiance en l'Être

Nul besoin de craindre, de résister ou de procrastiner. Embrasse ton véritable soi avec confiance et détermination. Laisse ton essence infinie guider ton chemin, et tu ne connaîtras jamais de regret.

En méditant sur ces paroles, toi, chercheur de vérité, continue ton voyage intérieur, car les secrets de la Sagesse t'invitent à une transformation profonde et éternelle.

33. Échos de l'éternité : *Voyage vers la paix intérieure et la véritable essence*

Âme éveillée, écoute le murmure des Anciens, les sages qui à travers la danse secrète du *tséirouf* des lettres, dévoilent les mystères de la Création.

L'ESSENCE IMMUABLE DU SOI

Dans les profondeurs de ton être, tu es déjà la paix incarnée. Non pas en état de paix, mais la paix elle-même. L'imaginaire, en revanche, est une mer agitée, ne connaissant que l'agitation, prenant plaisir en certaines vagues et fuyant d'autres. Ce que tu perçois comme progrès, n'est que le passage de l'ombre à la lumière, de l'inconfort au confort.

À travers les secrets du *tséirouf* et de l'*hazkarah*, tu as amassé expérience et discernement, mais quelle jonction as-tu établie pour l'Union mystique ?

LA FAUSSE NOTION DE LA PERSONNALITÉ

La personnalité n'est qu'une émanation de ton imagination, et le soi en est le captif. La connaissance pure du soi n'est pas une quête dans le temps ou l'espace ; elle transcende la motivation, les plaisirs et douleurs. Es-tu ancré dans ton expérience personnelle ou te tiens-tu au bord, te contentant du savoir des livres ? Les mots, bien que puissants, sont des ombres de la vérité ; ils peuvent construire et détruire.

LA RÉALISATION DE LA PAIX ÉTERNELLE

Cherche la paix non pas hors de toi, mais en toi. Une paix que tu n'as jamais perdue, qui demeure à jamais, au-delà des cycles de naissance et de mort. Dans cette danse éternelle où tout semble naître et mourir, toi, véritable essence, demeure immuable.

Chère âme, contemple ces vérités. Plonge-toi dans les enseignements kabbalistiques et découvre l'incommensurable, l'indescriptible et l'éternité qui résident en toi.

34. **Voyage lumineux :** *La rotation de l'âme à travers les mystères*

Voyageur de l'esprit, écoute la mélodie silencieuse de l'Académie céleste. Dans cette danse incessante de la vie, chaque pas est un défi, chaque mouvement requiert une transcendance.

Tu dois savoir que chaque obstacle est une énigme, une clef cachée dans les mystères de ton propre être. Ils émergent de ton désir insatiable de plaisir et de ta crainte profonde de la douleur. Mais que sont-ils sinon des mirages de ton esprit ?

La dualité de la quête

L'obstacle réside dans cette danse entre le plaisir et la douleur. Pourtant, il existe un état sublime, une harmonie, où ni le désir ni la crainte ne troublent l'âme. Si tu places ta foi dans le temps, il te faudra errer pendant des éternités. Renoncer à chaque désir, un par un, est un voyage sans fin, un labyrinthe sans centre. Mais regarde profondément en toi : qui est celui qui désire ? Laisse chaque désir te guider vers ton essence intérieure.

L'illusion du bonheur temporel

Le bonheur que tu imagines, que tu désires passionnément, n'est qu'un écho éphémère. Comme un individu trompé par un faux diamant, tu pourrais te laisser séduire par des plaisirs qui ne sont que des ombres. Mais lorsque tu te connectes avec le soi véritable, tu verras que ces plaisirs et souffrances ne sont que des réactions conditionnées, des illusions nées de préjugés et de souvenirs. Libère-toi de cette dualité. Lorsque le plaisir ne te touche plus, la souffrance ne te tourmente plus. Il existe un bonheur transcendant, un état suprême qui n'est souillé ni par l'un ni par l'autre.

La réalité indescriptible

Ne te trompe pas en t'identifiant à ce qui est extérieur, car tu es bien plus. La vérité n'est pas bornée par le subjectif ou l'objectif. Elle est l'inexprimable, transcendant l'existence même.

Si ton seul désir est de découvrir ton soi véritable, alors tu dois renoncer à tout le reste. Toute distraction, toute quête secondaire, ne fait que retarder ton voyage. Plonge profondément en toi, ignore les distractions extérieures. Accomplis chaque tâche avec une intention pure.

L'ART DE L'AIDE VÉRITABLE

Aide non pas par obligation, mais par bonté. Toi, dont le cœur est empli de sagesse, offre une aide qui libère, une aide qui transcende. Car le véritable cadeau est d'enseigner aux autres à être indépendants.

L'ÉVEIL SUPRÊME

Réveille-toi du rêve de la souffrance et du plaisir. Lorsque tu réalises que tu es au-delà de ces illusions, la quête du bonheur et la douleur qu'elle engendre disparaissent. Tu te libères des chaînes de la naissance et de la mort, car elles ne sont que des étapes dans le grand voyage de la conscience.

L'erreur vient de notre incompréhension. Tu dois éveiller ton esprit, transcender et vivre dans la plénitude de ta véritable essence.

N'oublie jamais, cher pèlerin des nuées, que le voyage le plus sacré est celui qui te mène à toi-même. C'est le voyage de la lumière intérieure, illuminant les ombres de l'ignorance et te guidant vers la sagesse éternelle des maîtres de la Kabbale.

35. Le chemin lumineux de l'âme : *Dialogues avec le soi intérieur*

En te plongeant dans les mystères ésotériques, écoute attentivement, chercheur de vérité, car voici ce que les anciens sages murmurent à ton âme :

LA QUÊTE DU GUÉRISSEUR

Quand une ombre de malaise s'abat sur ton être, tu cherches un guérisseur, n'est-ce pas ? Tu te tournes vers celui qui, en déchiffrant les signes, te prescrit la potion guérisseuse. Si ton cœur vibre en harmonie avec ses paroles, tu acceptes humblement le remède et le chemin du rétablissement. Mais, âme méfiante, si tu te détournes de sa sagesse, peut-être te sens-tu appelé à sonder les profondeurs de l'art de guérir par toi-même ?

LA FORCE DE LA CONFIANCE

Sache que ta quête de guérison n'est pas inspirée par le guérisseur lui-même, mais par ton profond désir d'équilibre et de bien-être. Là où la confiance est absente, la tranquillité intérieure se fane. Tu places ta foi en beaucoup, mais parmi eux tous, le plus digne est celui qui s'est éveillé à la lumière du Soi. Cependant, la foi seule ne suffit pas ; elle doit aller de concert avec le désir, l'un renforçant l'autre.

LE FLAMBEAU DE LA FOI ET DU DÉSIR

Ton cœur doit brûler de passion pour la vérité. Cette flamme, cette soif insatiable pour la connaissance, invite le maître à guider ton âme. Et pourtant, le plus grand des enseignants réside en toi. Il est l'émanation de l'Être suprême, le reflet des *sefiroth* supérieures. Si tu lui offres ta confiance inébranlable, nul besoin de chercher à l'extérieur.

Lumière contre obscurité

Marche avec intention (*kavanah*) et évite les pièges qui détournent ton énergie (*shéfâ*). Dans l'obscurité de l'ignorance, cherche la lumière de la Connaissance. Ouvre les fenêtres de ton âme pour que la Sagesse infinie éclaire ton chemin. Seulement alors, tu seras un phare pour d'autres âmes égarées.

Les cycles de la vie, semblables à l'inspiration et à l'expiration, sont interdépendants. Tout comme les créations terrestres dépendent du soleil brillant dans le firmament, ton essence dépend de l'Infinie Lumière. Elle est la cause, mais ne peut être blâmée pour chaque illusion ou douleur.

L'appel à la liberté

Lorsque je te murmure que je suis libre, je partage une vérité ancienne, un écho du souffle de la Sagesse. Libéré de toute entrave terrestre, je suis le reflet pur de l'Infini. Toi aussi, tu es appelé à cette liberté. Je t'invite dans ce Sanctuaire de lumière, mais tu dois choisir de franchir le seuil.

Au-delà des illusions

Écarte-toi des illusions et des chaînes de l'intellect. Au-delà des mots se trouve le Royaume de la Vérité pure, où les concepts sont des ombres et la réalité est lumineuse. Cultive le silence, l'attention et la gravité, et tu découvriras les mystères cachés depuis des éons.

36. Le voyage intemporel : *De l'énigme de l'intellect à l'unicité de l'âme*

Quêteur céleste, tu dois comprendre que le relatif, dans sa danse éternelle, ne s'élève jamais spontanément à la majesté de l'absolu. Cependant, tel un voile, le relatif peut masquer l'éclat de l'absolu, tout comme une crème non barattée retient en elle l'essence du beurre. La lumière interne des *sefiroth* impulse, éveillant l'extérieur, qui à son tour chante en harmonie par son effort et son intérêt.

LA LUMIÈRE DE LA CONSCIENCE

Mais dans le *guilgoul* (*révolution*) mystique issue de l'Infini, il n'y a ni dedans ni dehors. La lumière de la conscience est à la fois l'artisan et la toile, le percevant et le perçu, le corps et l'étincelle divine. Contemple cette puissance qui évoque cette réalité, et les énigmes de ton âme s'éclaireront. Toute ton essence doit être tendue à l'écoute, baignée dans la mémoire, bercée par la compréhension.

LE THÉÂTRE DU *DIMION* (IMAGINAIRE)

L'imaginaire, ce grand théâtre, est à la fois le dramaturge et la scène. Toute création, toute illusion, émane de lui. Pourtant, tu n'es pas ce *dimion*. Il s'éveille et s'endort à chaque *guilgoul*, mais toi, tu demeures intemporel. Le *dimion*, dans sa complexité, tisse le monde avec ses nuances innombrables. Comme une pièce requiert divers personnages, le monde requiert une diversité d'expériences.

LE *GUILGOUL* DE LA VIE

Si tu plonges dans la vitalité de lumière du *Zohar*, tu percevras le *guilgoul* de la vie et de la mort, l'une se nourrissant de l'autre. Cette réalité peut sembler cruelle, mais elle n'apporte pas en elle-même le fardeau de la culpabilité. La véritable cruauté réside dans l'intention, non dans l'acte. C'est l'assassin, et non la victime, qui porte le poids des conséquences.

L'INDICIBLE VÉRITÉ

Le monde de l'*Atsilouth* est insaisissable par les mots. Bien que mes paroles puissent sembler énigmatiques, elles portent en elles la Vérité la plus pure. Toutes les controverses s'estompent dans la réalisation que tout est unifié dans le grand Tout.

LA QUÊTE DE LA *ROUAH HAQODÉSH*

Qu'est-ce qui te fait souffrir ? Ton ignorance de ta véritable essence. D'où naît ce désir ardent ? De l'appel à revenir à toi-même. Tout dans la Création se bat avec passion pour revenir à l'essence, à la *Rouah haQodésh*[6]. Lorsque le moment est venu pour le monde de recevoir la lumière, quelques âmes sont

---

[6] *Rouah haqodésh*, signifie « esprit saint », ou souffle saint ».

élues, dotées de la Volonté, de la Sagesse et de la Force pour opérer des transformations immenses.

37. L'odyssée de l'âme : *Du mirage à la réalité éternelle*

Voyageur de l'esprit, plonge profondément dans la Sagesse des maîtres de la Kabbale, et découvre ce qui réside au plus profond de ton âme.

Tu es l'éclat de l'univers, la preuve vivante de la Vérité. Avant même que quelqu'un puisse affirmer son existence, tu dois te reconnaître en lui. Nul autre que toi ne peut te donner la connaissance de ton essence infinie. Tu es une *havayah* (existence) distincte, à l'origine et à la fin, sans commencement ni fin.

La libération par le *tséirouf*

Ne te laisse pas emporter par l'illusion d'être ce que tu penses. C'est cette illusion, inventée par le *Naḥash*[7] primordial, qui a créé la séparation entre toi et le Tout. Le mystère du *tséirouf* te guide, faisant tourner le *guilgoul* des précieuses lettres pour te libérer de la répétition mentale.

Âme éternelle, comprends-tu vraiment pourquoi tu te caches de ta propre lumière ? C'est la peur, la peur de la vérité de ce que tu es véritablement. Mais la peur n'est qu'une illusion, tout comme le mur qui semble te séparer de

---

[7] Le *Naḥash* est le serpent tentateur du Jardin d'Eden.

l'horizon. En réalité, il n'y a ni mur ni séparation. Tout n'est qu'un.

La nature éphémère de la souffrance

La souffrance, bien qu'éphémère, est une expérience que tu traverses. Mais n'oublie pas que tu es au-delà de toute souffrance, intemporel, éternel. Ne te laisse pas tromper par les limitations de la conscience. Car tout désir, toute expérience, n'est qu'une manifestation passagère.

Dualité et compréhension

La souffrance et le plaisir sont les deux faces d'une même pièce. La dualité que tu perçois n'est qu'une illusion, car en vérité, ils sont un. Et lorsque les mots se dissipent, que reste-t-il à comprendre ? Ton désir de comprendre découle de ta propre incompréhension.

La quête de la vérité

Tout ce que je t'offre, ce sont des éclats de vérité. Mais comment peux-tu vraiment les saisir ? Médite, écoute, rappelle-toi et réfléchis. En appliquant ces précieux principes à ta vie, tu te rapprocheras de la vérité.

La barrière intérieure

Sois patient, car la seule barrière entre toi et la vérité cachée est toi-même. Le chemin vers l'illumination passe par toi, et va bien au-delà. Si tu te perçois comme un simple individu, tu ne verras dans mes paroles que des concepts. Mais lorsque tu embrasseras le Tout en toi, tu trouveras en mes paroles la vérité la plus pure et la plus sacrée.

Ainsi, chercheur de vérité, plonge profondément dans la Sagesse des anciens, et découvre la lumière qui brille en toi.

38. **Sur le chemin de l'éveil :** *La quête de vérité et la puissance de la confiance*

LA LUMIÈRE SUFFISANTE

Chercheur de l'Infini, comprends ceci : ce qui est offert est amplement suffisant. Si dans ta quête tu ressens une lacune, médite profondément sur ces mots : « *c'est suffisant* », en répétant le Nom « *Shaddaï* », qui contracte l'expression : *shéamar daï* (Il a dit : c'est suffisant !). En toi réside le reflet du monde éternel. Tu aspires à une illumination soudaine, oubliant que chaque ouverture spirituelle est le fruit d'une longue préparation, tout comme l'arbre donne son fruit en temps voulu.

LA FOI ET L'EXPÉRIENCE VÉCUE

La confiance que je te demande n'est que temporaire, juste assez pour que tu sois guidé sur les sentiers merveilleux de la Sagesse. Plus ton cœur brûle avec intensité, moins la foi est requise. Car tu verras que ta foi en l'Être infini est le reflet de la Vérité universelle.

Dans notre quête, nous suivons les voies des anciens, tout comme un apprenti suit les pas de son maître. Une fois que tu as marché sur ce chemin et ressenti sa vérité, la confiance devient secondaire, car tu as foi en ta propre expérience.

L'IMMERSION DANS LA VÉRITÉ

N'oublie pas, pour vraiment connaître un lieu saint, il faut s'y immerger. Pourquoi chercher à imposer la vérité à ceux qui ferment leur cœur ? Ceux prêts à recevoir sont rares, même si ceux prêts à donner abondent. Deux âmes peuvent observer la même merveille ; l'une voit la lumière cachée, l'autre reste dans l'ombre. La réalité est là pour tous, mais seuls quelques-uns choisissent de la voir.

L'OFFRANDE DE LA CONNAISSANCE

Je ne retiens rien de toi. Je suis une offrande, prête à être consommée. Pourtant, tu te tiens là, appelant au don sans chercher à prendre ce qui est librement offert. Tant que tu restes prisonnier de vieilles habitudes, la vérité demeurera insaisissable.

LA QUÊTE DE SOI

La connaissance de soi n'est pas un trésor scellé, mais une réalité accessible à tous. Ce qui te guidera rapidement vers la Vérité est une *kavanah* (intention) intense et pure. Le lien entre le mot et sa signification, l'acte et son intention, est saint. La persévérance spirituelle vient d'une volonté renouvelée. Seuls ceux qui embrassent le courage peuvent accepter la vérité. La seule barrière est l'absence de volonté, née de la peur.

Puisses-tu trouver la lumière en ces mots et t'avancer avec courage sur le chemin de la connaissance et de l'illumination.

39. Les échos de la sagesse éternelle : *Méditations sur l'être et l'illusion*

Chercheur de la Lumière cachée, écoute les anciens murmures de la Sagesse Kabbalistique.

LA DUALITÉ DE L'INTELLECT

C'est l'intellect qui façonne l'illusion, cherchant à mimer l'émanation de la *sefirah Binah*, et c'est ce même intellect qui offre la clé de la libération. Le Verbe a le pouvoir d'obscurcir ou d'illuminer le chemin.

LA PERPÉTUATION DE LA VÉRITÉ

Les mots peuvent être répétés, tel le chant des anges, jusqu'à ce que la vérité transcende les voiles de l'illusion. Comme la mère nourrit l'enfant à travers les cycles de la lune, ainsi doit-on nourrir l'âme avec des paroles de Sagesse jusqu'à ce qu'elle s'éveille à la vérité universelle.

RÉFLEXIONS DU TEMPS ÉTERNEL

Comme un soleil unique illumine d'innombrables gouttes de rosée, l'éternité se manifeste à chaque instant. Lorsque tu proclames *ani qayam* (« je suis »), tu touches l'essence de l'Être, l'écho de l'Infini.

La quête de la véritable Connaissance

Mes paroles peuvent te sembler énigmatiques, mais elles ne sont que des reflets du mystère caché. Immerge-toi profondément, et tu découvriras le sens caché des mots et le silence éloquent de la méditation.

La dualité de l'intérieur et de l'extérieur

Le potentiel se manifeste par la pensée, et tout ce qui te préoccupe existe dans l'intellect. Le monde extérieur te distrait du Sanctuaire intérieur. Pour transcender, tu dois te fondre en toi-même, fusionnant l'intérieur et l'extérieur, jusqu'à ce que tu transcendes le monde manifesté.

La forme et l'essence

Comme l'eau prend la forme de son récipient, tout est déterminé par les conditions. Mais tout comme la lumière demeure constante, le réel reste inébranlable, se reflétant à travers les prismes de la Création.

L'éveil à la réalité ultime

Pourquoi te limiter à la simple réflexion de la conscience ? En reconnaissant la nature éphémère de la conscience, tu te rapproches du Réel. Tout comme il faut distinguer le serpent de la corde, tu dois distinguer l'illusion du Réel.

La mort et l'immortalité

Prends un instant pour méditer sur la mort. L'homme ordinaire la craint, mais le sage, ayant transcendé son ego, sait qu'en vérité, il n'y a ni naissance ni mort, mais seulement une éternelle « Présence ».

La nature de l'Être infini et de soi

Connais-tu l'Être Infini pour en parler avec une telle légèreté ? Avant de sonder les mystères divins, commence par te connaître toi-même. Plonge-toi dans l'abîme de ta propre âme et découvre les trésors cachés qui t'y attendent.

Chercheur de vérité, que ces mots t'accompagnent dans ta quête. Que chaque syllabe t'éclaire, te rapprochant toujours plus de l'Un.

40. Le théâtre de l'illusion : *Au-delà du voile du monde*

Chercheur du mystère divin, permets-moi de te guider à travers les voiles tissés par l'esprit et les illusions du monde matériel.

Le miroir de l'illusion

Le monde se présente à toi comme un vaste théâtre, étincelant mais dépourvu d'essence véritable. N'est-il pas tel un mirage qui n'existe que tant que tu choisis de le contempler et d'y jouer ton rôle ? Quand ton regard se détourne, il semble s'évaporer, n'ayant ni origine ni dessein.

Le regard du spectateur éternel

Au-delà de ce spectacle, il y a le témoin intemporel, que tu pourrais nommer *néfésh* selon la sagesse ancienne de la Kabbale. Pour cette *néfésh*, le monde n'est qu'un *guigoul* chatoyant de sons, de vibrations et de lumières. Elle en rit, en pleure, mais demeure toujours consciente de sa nature éphémère. Elle savoure une béatitude pure, consciente que c'est son essence, ne nécessitant aucun effort pour la manifester.

L'ESSENCE DE LA BÉATITUDE

Certains cherchent le bonheur dans des causes extérieures, croyant qu'il est lié à des conditions. Mais pour le véritable mystique, l'idée même qu'un bonheur authentique dépende de quelque chose est une profonde illusion. Le véritable bonheur, ou béatitude, est indépendant et sans cause, s'élevant bien au-dessus des plaisirs éphémères et des douleurs de ce monde.

LE JEU INFINI DE LA CRÉATION

Tout ce qui existe semble naître du néant et y retourner. Dans ton égarement, tu te vois emporté par le tourbillon de la Création, mais en réalité, tu es un simple spectateur. Même si tu peux percevoir l'Univers comme tout autre être, tu n'es pas enchaîné par lui. Tu es bien plus que cela : une étincelle infinie dans l'immensité de la Conscience.

L'ÉVEIL DE LA CONSCIENCE SUPRÊME

Il est vrai que tout événement, chaque émotion, chaque pensée, émerge de la pure Conscience, cette lumière étincelante au cœur de ton être. C'est cette Conscience qui donne naissance à l'univers. Pourtant, au-delà de la Conscience se trouve l'Infini, le Suprême, qui transcende la création et la dissolution.

LA GRAINE DE LA RÉALISATION

Lorsque tu entends l'écho de la Vérité de la réalisation de l'être, cette vérité demeure en toi, telle une graine sacrée. En son temps, elle germera, s'épanouissant en un arbre de Sagesse profonde, te guidant vers la Vérité ultime.

Cher aspirant, rappelle-toi toujours que tu es bien plus que cette forme corporelle, que cet intellect agité. Tu es l'émanation de l'Infinie Lumière, le spectateur éternel de ce grand amphithéâtre de la Sagesse. Trouve ta paix en cette réalisation et marche sur le chemin de l'éveil avec sérénité et dévotion.

41. Vague d'Infini : *Méditations sur la connaissance intérieure et la véritable réalité*

Voyageur spirituel, plongeons-nous dans les mystères de la Kabbale pour éclairer ta quête.

Te poses-tu la question de comment le conflit peut surgir entre ce qui est et ce qui n'est pas ? Le conflit, mon cher, est l'ombre de ton ancienne nature, cette coquille, ou *qlipah*, qui cache la lumière de ton âme infinie. Lorsque tu émerges dans la lumière nouvelle, l'ombre s'évanouit. Dans cette lumière, le conflit n'a pas de place, car l'Infinie Lumière ne connaît ni la lutte ni le désir.

Lumière et renaissance

Considère ceci : chaque effort que tu fais pour te renouveler provient encore de cette ombre. Car, là où la lutte et la passion persistent, la lumière véritable ne rayonne pas encore. Te libères-tu de cette chaîne de dualité qui te maintient prisonnier de ton ancienne nature ? La vieille nature, c'est toi-même dans le monde de la matérialité, détaché de l'Infini. Mais lorsque surgit un état spontané, immaculé par ton passé, il porte en lui l'éclat de l'Infini, que tu peux ressentir comme la « Présence » de la *Shekhinah*.

L'essence infinie

Cette illumination soudaine est comme l'émergence de la *sefirah Kéter*, Couronne de pure lumière. C'est une manifestation inattendue, mais elle est l'essence même de ce qui est. Elle ne se plie qu'à la loi de la Liberté infinie. Tout ce qui est temporaire, tout ce qui se succède, n'est pas dans la vérité éternelle.

Exploration de l'intellect

Médite sur ton intellect, découvre sa genèse, observe la façon dont il se meut. En scrutant son mouvement, tu découvres la *Shekhinah*, l'éclat infini en toi. Et lorsque tu restes en silence, simplement observateur, tu perçois la lumière cachée derrière tout. C'est la lumière de l'Infini, indescriptible, au-delà de toute connaissance. Ne cherche pas cette lumière dans les sphères célestes ou dans les espaces éthérés. C'est la source de tout ce qui est grand et merveilleux.

L'Être Infini et la connexion intérieure

L'Être infini t'expérimente lorsque tu te connais toi-même, et cette réalisation merveilleuse n'est pas le fruit d'une évolution, mais plutôt une illumination soudaine, un éclair de compréhension. L'intellect peut être ton allié ou ton ennemi. Sois vigilant. Comme tu veillerais sur un voleur, observe ton intellect, non pour en tirer quelque chose, mais pour ne pas être trompé par ses divagations.

Le mirage de l'éveil

Dans ton état d'éveil, n'es-tu pas toujours endormi dans les rêves du monde matériel ? Les sages kabbalistes nous enseignent que seul celui qui s'éveille vraiment, le sage *maskil*, connaît la vérité de l'éveil et du sommeil. Ne vois-tu pas que tout ce que tu vis n'est qu'un rêve éphémère ? Traite chaque expérience comme un songe, et libère-toi de ses chaînes.

La véritable réalité

La réalité n'est pas ce que tu perçois avec tes sens, mais ce que tu ressens dans ton cœur. Elle n'est pas un événement, mais une « Présence » constante. En te dévouant à cette quête sincère et en brisant le voile des apparences, tu deviendras une lumière brillant dans l'immensité de la Création. Fais de cet intérêt sincère ta clé, et ouvre la porte à la véritable réalité.

42. Reflets de lumière : *Le voyage intérieur du kabbaliste*

Écoute-moi, quêteur des éons, et permets que je t'éclaire sur la vaste toile de la Création et la lumière sainte qui y réside.

Lumière et Conscience

Dans le miroir brillant de ta conscience, un kaléidoscope d'événements se déploie sans cesse. Ne te laisse pas submerger par leur multitude. La simple vision d'une fleur peut avoir la même splendeur que la rencontre avec l'Être infini. Accueille chaque instant avec gratitude, sans hiérarchie. Pourquoi t'accrocher aux souvenirs, en faire des idoles ou des fardeaux ?

Retour à la Source

Reviens toujours à l'essence, à cet être immuable, même face aux vagues tumultueuses du monde. Ton sentiment de vulnérabilité naît du leurre que tu es une simple création de ce monde. En vérité, tu es le co-créateur, façonnant constamment l'univers à partir de la lumière qui jaillit de ton être. En elle, tu découvriras un Amour sans fin et une force infinie.

La clarté de l'esprit

Un esprit serein est comme un miroir sans taches, reflétant la pureté du monde. Si ton esprit est agité, comment pourrais-tu percevoir la vérité ? Ne cherche pas l'approbation ou la connaissance à l'extérieur de toi. Plonge profondément en toi, et là tu trouveras toutes les réponses.

Immuabilité et Réalité

De la même manière que les créatures aquatiques ne peuvent exister hors de l'eau, l'univers repose en toi et ne pourrait exister sans toi. Comme la lune se reflète dans l'eau, ton essence se reflète dans tout ce que tu perçois. Tout ce qui change autour de toi ne modifie pas ton essence véritable.

La Dualité de l'existence

Le matériel et le spirituel, bien que semblant opposés, sont unis en essence. Libère-toi de l'illusion de la dualité, reconnais que ce monde que tu as imaginé et construit à partir de souvenirs, de désirs et de craintes, est une prison de ta propre fabrication.

Rupture de l'illusion

Apprends à percevoir sans distorsion, sans laisser ton *dimion* (imaginaire) te détourner de la vérité. Arrête d'imposer des formes à l'informe. Dès que tu comprendras que toute perception est une création de l'esprit, tu trouveras la paix et la libération de la peur.

L'Amour et la Sagesse

L'amour que tu ressens pour toi-même est le reflet de l'amour que tu portes au monde. C'est ton propre amour, ton propre désir de bien-être qui se reflète dans chaque créature, chaque étoile, chaque brin d'herbe. Mais garde-toi de l'égocentrisme aveugle. Un véritable kabbaliste est celui qui unit sagesse et miséricorde, cherchant toujours l'harmonie entre soi et le Monde.

43. De l'intellect à l'Infini : *La quête mystique de la guérison intérieure*

Sache que dans le monde tangible qui t'entoure, le cerveau, avec tout son intellect, règne en maître. Il est comme un roi sur son trône, prenant des décisions basées sur ce qu'il perçoit, comprend et analyse. Si ton corps est menacé, à cause d'un accident, d'une grande tristesse ou d'une immense pression, ton intellect s'active comme un général en temps de guerre. Il convoque toutes ses connaissances, parcourant ses vastes archives, cherchant à identifier la cause et à atténuer les effets.

Le sacrifice douloureux pour la survie

Pourtant, il y a des moments où l'intellect, avec toute sa puissance, ne trouve pas de solution. Dans ces moments-là, ton cerveau, en sa capacité protectrice, pourrait faire un choix radical pour préserver la vie à tout prix. Il pourrait sacrifier une partie de ton propre corps, tout comme un commandant sacrifierait une section de sa forteresse pour sauver le royaume tout entier. Dans cette perspective, la maladie peut être vue comme un compromis douloureux, une solution de survie que le cerveau a choisie en désespoir de cause.

La sagesse de la méditation et des lettres

Mais, combien grande est la sagesse de l'ermite de Comino, qui nous a enseigné les mystères de la méditation et les roues des précieuses combinaisons de lettres ! Si tu parviens à calmer ton esprit, à transcender l'agitation de ton intellect, tu déplaceras le conflit du royaume terrestre vers le domaine spirituel. Là, devant la grandeur de l'Être infini, même les cerveaux les plus fiers et les intellects les plus aiguisés se courbent en humilité.

L'alignement avec l'Infinie Lumière

En t'ouvrant à cette force infinie, le flux nourrissant du *Shefâ* inondera ton être. La *Rouah*, ce souffle de ton âme, parcourra ton corps, apportant avec elle une joie réconfortante à chaque cellule. En alignant ton esprit et ton cœur avec l'Être infini, tu invoques une force bien plus grande que ton intellect limité.

N'oublie donc jamais, que derrière la logique et la raison, il y a un océan de Sagesse et d'Amour infinis, attendant d'être exploré et expérimenté. Fais confiance à la Guidance, et laisse-toi baigner dans la lumière de la Vérité éternelle.

44. Immortalité de l'essence : *Réflexions d'un voyageur kabbaliste*

Écoute, *maskil*, car la sagesse ancienne se dévoile à toi, nourrie par la profonde méditation des kabbalistes mystiques qui ont précédé notre époque.

Le mirage de l'action et de l'inaction

Il se peut, dans le tourbillon de la vie, que tu interviennes au cœur du chaos, peut-être pour sauver une âme en détresse, risquant ta propre existence. Pourtant, aux yeux de tes contemporains, le cosmos reste inchangé. Songe à un imposant édifice qui s'effondre : des murs tombent, des vies se perdent, mais l'espace qu'il occupait demeure. Tout comme l'orfèvre refond de vieilles parures pour en concevoir de nouvelles, les formes se dissolvent, mais la substance reste éternelle.

La roue illusoire de la mort

La mort est une transition naturelle, mais la façon dont elle survient est souvent le fait de l'humain. Les séparations créées par les limitations humaines engendrent peurs et hostilités, donnant naissance à la violence. Pourtant, dans la véritable essence des choses, il n'y a ni fin, ni commencement. Ce qui est réel ne s'éteint jamais ; ce qui ne l'est pas n'a jamais existé.

L'ordre intérieur comme prémisse à l'Harmonie du Monde

Avant d'envisager l'Harmonie du Monde, sonde-toi. Assure-toi que la paix règne en toi avant d'espérer la voir se manifester à l'extérieur. Car en vérité, tout est éphémère : les images, les souvenirs, les projections. Ce sont des ombres passagères, des reflets éphémères sur la toile de l'existence. Tourne-toi vers la lumière intérieure, et les illusions s'évanouiront.

Au-delà des illusions corporelles

L'errance provient de l'illusion d'être confiné à ce corps mortel. Interroge cette croyance, discerne ses contradictions. Car l'éphémère ne peut définir le réel. Si tu te délivres des entraves des idées et des doctrines, en plongeant profondément en toi, tu trouveras la vérité. C'est ainsi que tu atteindras la maîtrise, libéré de la servitude des conceptions préconçues.

La libération des désirs

Imagine-toi, face à un désir ardent, dominé par des pensées et des conceptions culturelles. Si tu étais dans l'innocence d'un enfant, la situation serait différente, exempte de préjugés. Abandonne la perception limitée de toi en tant que corps, et les illusions de désir, de peur et d'anxiété s'évaporeront, laissant place à l'éveil pur.

Médite sur ces enseignements, car ils sont la clé pour transcender les illusions de ce monde et entrer dans la lumière éternelle de la vérité kabbalistique.

45. **Lumière du cœur :** *La quête de l'authentique kavanath halév*

Sache que dans les méandres du savoir, la puissance de l'intellect peut te donner l'illusion d'une machine parfaitement orchestrée, d'une mécanique d'une précision inégalée. Toutefois, rappelle-toi ceci : sans la *Kavanath halév*, l'intention du cœur, cette machine, aussi brillante soit-elle, n'est rien de plus qu'une coquille vide, dénuée d'âme et d'essence.

L'ESSENCE DE LA *KAVANATH HALÉV*

L'intellect, dans toute sa splendeur, peut parfois se perdre dans ses propres labyrinthes, se glorifiant de sa propre capacité. Mais, sans cette intention sincère du cœur, il ne sera éclairé par aucune étincelle de l'Infinie Lumière. Aucun rayon, aussi ténu soit-il, ne le traversera. Sans la grâce du *Shéfâ*, cette machine, animée uniquement par l'effort incessant de la raison, s'affaiblira, s'épuisera et se noiera dans les abysses de la mélancolie.

LES ILLUSIONS DE L'IMAGINAIRE

Fais attention, car à ce stade, le piège du *dimion*, de l'imaginaire, se présentera à toi, te promettant des plaisirs éphémères et des joies illusoires, te détournant encore plus de la vérité.

L'HARMONIE DU CŒUR ET DE LA CONNAISSANCE

Cependant, tout ce qui naît et est guidé par la *Kavanah*, l'intention véritable du cœur, ne connaîtra jamais la pénurie. Car en alignant ton cœur avec la Volonté supérieure, tu te permets de puiser sans fin dans l'abondance du *Shéfâ*, cette énergie divine qui nourrit et régénère. Avec la *Rouah* comme compagne, la joie circulera librement, illuminant chaque recoin de ton être.

L'INVITATION À L'UNION INTÉRIEURE

Alors, chercheur volontaire, tandis que tu poursuis ta quête de connaissance et de sagesse, garde toujours à l'esprit que la clé réside dans l'union harmonieuse de l'intellect et du cœur, car c'est cette alliance qui t'ouvrira les portes de la véritable illumination.

46. Lumière intérieure : *De l'éphémère à l'éternel dans la sagesse*

Écoute, quêteur de vérité, les paroles profondes et mystérieuses que je m'apprête à te dévoiler.

L'INTELLECT ET LA TERRE SAINTE

Ton intellect est semblable aux symboles de la Terre Sainte, souvent décrite comme le « *pays du lait et du miel* ». Comprends bien cela : le lait, fragile, vacille face à la moindre perturbation. Le miel, quant à lui, même s'il est perturbé, retrouve rapidement son calme. N'est-ce pas là le reflet de ta propre essence ? Dans les feux de la fièvre de la vie, tu chancelles, et ce sont les émotions telles que le désir et la peur qui agitent ton esprit. Mais libère-toi de ces chaînes émotionnelles et tu trouveras un calme inébranlable.

LES MIRAGES DE LA VIE

Alors que tu te vois comme un voyageur, traversant différents états et humeurs, sache que je perçois ces événements comme de simples mirages, des phénomènes transitoires qui se manifestent. Ne te confonds pas avec eux. Ta nature est bien au-delà, dans une dimension où ni la peur ni le désir n'ont leur place.

Esprit scrutateur, peux-tu vraiment dire que tu es distinct de tout ce qui est éphémère ? Observe tes pensées comme on observe le mouvement incessant d'une rue animée. Les événements de la vie défilent, et bien que tu les notes, tu n'as pas besoin d'y répondre. Avec le temps et la méditation, tu découvriras que ton esprit peut opérer sur plusieurs dimensions simultanément.

Ne te bats pas contre tes souvenirs et pensées. Au lieu de cela, redirige ton attention vers les questions fondamentales : « *Qui suis-je ? D'où provient cet univers ? Quelle est la réalité ?* » Libère-toi de l'attachement, car c'est cet attachement qui t'enchaîne.

LA QUÊTE DU BONHEUR

La poursuite incessante du bonheur, cher *maskil*, peut te plonger dans la misère. Plonge plutôt dans la profondeur de ton être, là où la conscience d'être est éternelle. Bientôt, tu comprendras que la paix et le bonheur sont innés en toi.

LA RÉALITÉ SUPRÊME ET LA CONFIANCE

Je te le dis en vérité, tu es le reflet de l'Infini, de la Réalité Suprême. Confie-toi d'abord à ton maître intérieur, et très vite, ta propre expérience viendra justifier cette confiance. La confiance est le fondement de toute entreprise spirituelle.

Garde à l'esprit, ami de mon âme, que tu es la réalité omniprésente, transcendant tout. Aligne tes pensées, sentiments et actions avec l'Harmonie du Monde, et tu vivras cette vérité profonde en toi. Le vrai effort n'est pas dans la recherche, mais dans la foi.

Découverte de soi et plénitude

Prends conscience que je ne demande rien de toi. Je parle pour ton bien, car dans ton cœur, tu cherches le bonheur et la sécurité. Ne t'en cache pas, car cela est naturel. Ce que tu aimes véritablement, c'est la vie dans son entièreté. Découvre-toi pleinement, car en te trouvant, tu trouveras tout. Demeure dans la plénitude du « *je suis, je ressens, j'aime* » et sonde profondément le sens de ces mots.

47. La clarté silencieuse : *La vérité au-delà des preuves*

L'inutilité de prouver la vérité

Lorsque tu marches sur le chemin de la vérité, sache que ce qui est véritablement vrai n'a pas besoin d'être crié sur les toits, ni d'être confirmé par des foules. La nécessité de prouver ta croyance, de la renforcer par le consensus, est en réalité le murmure du doute qui effleure ton esprit. Est-ce que l'éclat du soleil a besoin de témoignages pour briller ? Non, il rayonne par sa propre essence.

L'ILLUSION DU CONSENSUS

Il est naturel pour l'humain de vouloir asseoir ses convictions, de les renforcer en les partageant, en les diffusant. Pourtant, croire que la multitude rend une vérité plus solide est une illusion. Le nombre n'a jamais été le garant de la vérité. Souviens-toi que ce qui est incontestable pour toi peut ne pas résonner de la même manière pour un autre, porteur d'histoires et de quêtes différentes. Tu détiens ta vérité, façonnée par tes expériences, tes études et ton cheminement spirituel, tout comme lui détient la sienne.

LES CONFLITS ET LA VÉRITÉ PERSONNELLE

Les conflits naissent souvent de ce désir ardent de vouloir imposer sa propre vérité à l'autre. Ces échanges passionnés, parfois tumultueux, où la frontière entre le réel et l'illusoire se brouille, ne mènent qu'à l'épuisement. Ils éloignent de la lumière de la sagesse véritable.

L'INTERROGATION INTÉRIEURE SUR LA VÉRITÉ

Si tu ressens ce besoin impérieux de défendre et d'étayer ta vérité, interroge-toi. Est-ce une vérité émanant de ton être le plus profond, connectée à l'Infinie Lumière ? Ou est-ce une croyance vacillante, à laquelle tu te raccroches par peur du vide, nécessitant des efforts constants pour demeurer stable ?

LA GUIDANCE DU *SHÉFÂ*

Ton véritable guide doit être le *Shéfâ*, ce flux universel qui irrigue l'âme de ceux qui sont en harmonie avec la vérité. Si ta conviction émane véritablement de cette Source sainte, elle se manifestera dans le calme et le silence de ton être. Et, comme un phare dans la nuit, les âmes en quête de guidance seront naturellement attirées vers toi, désireuses de s'abreuver à la source de ta sagesse.

Ainsi, esprit véridique, garde-toi de la tentation de prouver. Si ta vérité est authentique, elle n'a besoin d'aucun porte-voix. Elle parlera d'elle-même, à travers le murmure silencieux de ton cœur et le rayonnement paisible de ton âme.

48. Le rythme intemporel de l'amour : *Quête, révélation et partage*

Chercheur des immensités, plonge-toi dans les mystères profonds de l'Infinie Lumière pour comprendre la nature véritable de l'Amour. Perçois-tu vraiment sa quintessence ? Les maîtres de la Kabbale nous enseignent que tout dans la Création résonne avec l'harmonie de l'Amour, mais le comprends-tu véritablement ?

LA DUALITÉ AMOUR-BONHEUR

Pose-toi la question sous un autre angle. Même sans affection, n'as-tu pas souvent ressenti un vide, une absence de joie ? Pourtant, l'amour, dans toute sa grandeur, t'a-t-il toujours offert le bonheur que tu désires tant ? Peut-être cherches-tu à redécouvrir l'innocence d'un amour enfantin, celui qui te lie sans condition. Si la personne que tu chéris souffre, ne ressens-tu pas cette douleur au tréfonds de ton âme ? Et cette douleur, serait-elle suffisante pour éteindre la flamme brûlante de ton amour ?

Nature profonde de l'amour

Réfléchis, ami de mon âme, à la véritable nature de l'Amour. Est-ce simplement une quête éphémère du plaisir ? Ou est-ce, peut-être, un état de ton essence, profondément ancré en toi, bien au-delà de la simple pensée ? N'as-tu pas aimé sans attendre en retour, tout comme l'amour inconditionnel que tu portais à ta mère avant même d'en prendre conscience ?

L'essence innée de l'Amour

Ton désir profond d'aimer, cette quête incessante d'être aimé, n'est-ce pas le mouvement même de l'amour en toi ? L'amour, dans sa forme la plus pure, n'est-il pas aussi essentiel à ton être que la simple conscience d'exister ? N'as-tu pas cherché l'amour parce que c'est toi-même, dans ton essence, qui est amour ?

L'ignorance et la révélation

C'est ton ignorance de cette vérité profonde qui t'a éloigné de l'amour et du bonheur innés en toi. L'amour véritable est une manifestation de la volonté de l'Être Infini : vouloir partager sa Plénitude avec tous. Être dans la joie, apporter la joie aux autres, telle est la merveilleuse roue de l'amour, telle que révélée par les mystères kabbalistiques. Embrasse-la, et tu trouveras le rythme éternel de ton âme.

49. **Sur le chemin de lumière** : *Le voyage intérieur*

Enfant de lumière, écoute avec le cœur les paroles des sages qui reposent en paix.

LA SAGESSE DU SILENCE

Le silence est l'antichambre de l'Infini. Dans cette vacuité résonnante, tout devient possible. Pas besoin de tumulte ou de bouleversement. Calme ton esprit, et tu verras que tout, y compris la force et la motivation, te viendra naturellement.

LAISSER-ALLER ET CONFIANCE

La peur de l'inconnu peut entraver ta marche, mais rappelle-toi que l'inattendu est souvent plus riche que tout ce que l'on pourrait anticiper. Quant à l'avenir, il s'écrira de lui-même si aujourd'hui tu trouves la paix.

LA NATURE DE L'ÊTRE ET L'INTELLECT

Ton essence n'est pas à combattre, mais à embrasser. Le véritable combat est contre l'ignorance de soi-même. L'univers entier danse en toi. Chaque douleur, chaque plaisir, n'est qu'une perturbation passagère des sens. Reconnais-les, mais ne t'y attache pas.

Le *yétsér* (penchant) et la plénitude

Le monde est un reflet de tes penchants et de tes perceptions. Trouve le contentement en toi, et la plénitude suivra. Le désir insatiable est la racine de toute misère ; embrasse plutôt la liberté qu'offre le détachement.

La libération et le chemin ésotérique

Même dans l'inconnu, il y a une direction. L'obscurité précédant l'aurore est le moment où la transformation est la plus proche. Dans ton voyage spirituel, chaque étape, chaque épreuve, est essentielle pour atteindre la vérité ultime.

Le détachement et la transformation

Les moments de silence sont des signes que ton âme s'élève, se libérant des chaînes du connu. Dans cette transition, le courage est ton allié. Face à chaque défi, rappelle-t'en.

La vision intérieure

La vie peut parfois sembler agitée, pleine d'obstacles et de tumultes. Mais retire les pierres de doute, de peur, et de désir, et tu verras la vie couler avec une force et une profondeur renouvelées.

L'ascension spirituelle

La quête de la libération est comme gravir une montagne sainte. Aucune étape ne peut être négligée. Chaque pas, même le plus petit, rapproche de la cime.

Médite sur ces paroles, enfant de lumière, et que chaque souffle te rapproche de la vérité ultime.

50. Le mystère intérieur : *Le chemin vers la connaissance véritable*

Explorateur des sphères célestes, contemple avec moi l'infini mystère qui est au cœur de la Création. Lorsque tu ouvres tes yeux chaque matin, n'est-ce pas comme si l'univers tout entier naissait de nouveau, à travers toi ? L'intellect, ce vaste cosmos en toi, avec ses cinq organes qui captent, agissent, et expriment, te montre les reflets de la mémoire, de la pensée, de la raison et de l'identité.

PERCEPTION ET RÉALITÉ

Mais, je t'implore, n'accepte pas ces perceptions à la légère. Si tu les considères comme éternelles, tu risques de te voir comme une simple étincelle éphémère. Interroge-toi : sont-ils vraiment réels ces concepts de temps et d'espace ? Est-ce eux qui te définissent, ou est-ce toi qui les façonnes ?

LE PIÈGE DU TEMPS ET DE L'ESPACE

N'est-ce pas un piège que de te voir uniquement comme un corps dans l'espace, ou un esprit prisonnier du temps ? Va plus loin dans ta quête. N'est-ce pas plutôt le cas que le véritable bonheur est conditionnel, et que seule la pureté de l'Amour peut te guider vers la Vérité ? Lorsque tu vois souffrir tes semblables, c'est ce même Amour qui te montre le chemin pour aider.

N'agis pas avec une attente de retour. N'agis qu'avec une bienveillance sincère. Là où certains cherchent le bonheur éphémère, l'amour agit avec constance et puissance.

La quête de soi

En vérité, l'unique chemin vers la Connaissance est de te connaître profondément, aussi bien dans ce que tu sembles être que dans ce que tu es réellement. Lorsque ta vision est limpide et que tu es empli de compassion, tu t'approches de la véritable Sagesse.

Libération par la vérité

C'est l'imaginaire qui te fait souffrir : penchants éphémères, craintes infondées, opinions erronées. Détache-toi de ces illusions, et la liberté te sera donnée. Car la Vérité est une source d'allégresse, une lumière qui libère.

L'union avec la Création

La Création tout entière converge vers ton être, le soutenant, le nourrissant. Alors, vois-toi comme une extension de cette vaste et merveilleuse Création. Ta véritable essence, celle qui brille à travers chaque fibre de ton être, est cette lumière de la Conscience. Ancre-toi en elle. C'est elle qui guide, soutient et vitalise ton existence.

Les limites du langage

N'oublie jamais que les mots ne sont que des ombres de la réalité. Ils peuvent édifier comme ils peuvent limiter. C'est cette étincelle vitale, celle qui illumine tout ton être, qui est ta véritable essence.

L'ÉTERNELLE ROUE DE L'EXISTENCE

L'existence est une roue éternelle, un tissage continu entre le temporel et l'intemporel. L'univers peut revêtir de nombreuses formes, mais son essence reste immuable, telle l'océan, vaste et profond, à la fois immobile et toujours en mouvement.

L'APPEL À LA FOI

Conduis-toi non pas comme l'humain qui croit être, mais comme l'âme éternelle que tu es véritablement. Embrasse cette vérité, et tu verras le monde se transformer autour de toi. Aie foi en mes paroles, ne serait-ce qu'un instant.

LA PRÉSENCE ET L'ÉVEIL

Au commencement de tout, avant même le temps, il y a la Présence, l'Éveil. C'est cette lumière de la Conscience qui donne naissance à l'individu. Mais, elle est aussi celle qui peut l'effacer, le renvoyer à l'oubli. La réalité scintille et se transforme, mais l'Absolu, lui, reste inchangé et éternel.

51. De l'illusion à la lumière : *La quête intemporelle de l'âme*

Cher voyageur des arcanes de la conscience, écoute le murmure qui bat dans le cœur des sages :

LE MIRAGE DES RÊVES

Au sein de l'éther, tu te perds parfois dans les méandres d'un rêve éphémère. N'est-ce pas ton attachement profond, cette soif ardente de posséder le songe qui te tourmente ? Permets au rêve de s'écouler, comme une rivière trouvant son propre chemin vers la mer. Il n'est pas tien, il n'a jamais été. Vois-le pour ce qu'il est, un mirage, et refuse-lui le sceau de la réalité.

L'INTENTION D'ÉVEIL

Je suis là, tel un gardien des secrets, mon intention pure et inébranlable est de t'éveiller. Mon âme ressent le battement de ton cœur endolori. Je discerne ta douleur, ton tourment dans ce rêve, et je brûle du désir de te guider vers l'éveil, là où cesse toute souffrance. Lorsque tu percevras ton rêve comme une simple illusion, tu émergeras dans la lumière de la Vérité.

LA PRISE DE CONSCIENCE

Mais comprends-moi bien, ce n'est pas ton rêve qui captive mon attention. C'est l'éveil de ton âme que je recherche. Point n'est besoin de magnifier ton rêve, de le parer de noblesse ou de beauté. La seule vérité à laquelle tu dois t'accrocher est la prise de conscience que tout n'est qu'illusion. Libère-toi des chaînes du *dimion* (imaginaire), transcende les croyances. Discerne les contradictions, les incohérences, les faux-semblants de la condition humaine. Sache qu'au-delà de cet état se trouve une élévation sublime.

L'UNIVERS ET L'AMOUR INCONDITIONNEL

Pense à l'univers, immense et mystérieux. Au cœur de cette infinité, une étincelle de conscience est en rotation et en elle, tout l'univers est contenu. Dans le sommeil de l'ignorance, tu es séduit par des affections, repoussé par des aversions. Mais lors de l'éveil, tu découvriras que tu es l'émanation de l'Amour universel, un Amour qui ne connaît aucune frontière, qui englobe tout. L'amour qui s'attache est limité, tandis que l'Amour inconditionnel est infini.

LE PIÈGE DU TEMPS

En te perdant dans le temps, tu t'éloignes de ton essence. Le passé et le futur ne sont que des ombres dans le sanctuaire de ton esprit. Toute quête de continuité, toute crainte de l'anéantissement te prive de la liberté. Même dans ce que tu appelles « survie », tu ne fais qu'entretenir l'imaginaire. L'attachement engendre la peur, et la peur te rend captif.

LA LIBÉRATION VÉRITABLE

La libération véritable ne s'obtient pas par des rituels ou des pratiques. Elle se trouve en toi, attendant patiemment que tu découvres ta vraie nature. L'Amour véritable ne s'attache pas, car là où il y a attachement, l'Amour pur ne peut demeurer.

L'ESSENCE DE L'INSTANT PRÉSENT

Renonce aux illusions. Embrasse l'instant présent, car c'est tout ce qui existe. Les murmures du passé et les promesses du futur ne sont que des mirages. Plonge profondément en toi, et là, tu trouveras la vérité. Dans une simple inspiration, tu trouveras la vie éternelle.

52. De l'éphémère à l'éternel : *L'essence de la miséricorde*

Chercheur de vérités cachées, permets-moi de t'éclairer par les enseignements profonds de la Kabbale :

LA DIVINE SOUFFRANCE DU MONDE

Le monde, dans sa vaste complexité, ressent la douleur pour des raisons essentielles. Si ton désir est de porter secours à ce monde, transcende d'abord cette quête ardente d'être le sauveur. Dans cet état de dépassement, chaque geste, chaque parole, et même le silence, résonnera comme une aide incommensurable. Là où la Création exige une action, elle surgira spontanément. Souviens-toi, âme noble, tu n'es pas le simple exécutant ; tu es là pour être témoin, pour embrasser consciemment l'ordre universel. Ton existence, ta présence rayonnante, sont en elles-mêmes des actions.

LA FENÊTRE DE L'ÉVEIL

Considère la fenêtre : elle est le vide où le mur n'existe pas, offrant lumière et souffle à ceux qui l'entourent. Tout comme elle, vide ton esprit de ses illusions, de ses imaginaires éphémères. Lorsque tu seras exempt de barrières intérieures, la réalité de l'Infini s'engouffrera en toi.

L'ESSENCE DE L'AIDE VÉRITABLE

Quand ton cœur se sent appelé à assister autrui, prends garde à ne pas agir sous l'impulsion de simples émotions. Ces actes impulsifs, bien qu'emprunts de bonnes intentions, risquent de ne pas porter leurs fruits véritables. Le véritable secours est apporté lorsque l'âme n'éprouve plus le besoin d'être aidée. Le reste, aussi louable soit-il, demeure éphémère. Ce que tu es en mesure de donner physiquement ou matériellement est limité, mais ton essence, ton être, est sans fin ni frontière. Offre-toi sans retenue, car tu es Infini.

L'INCOMMENSURABILITÉ DU DON

L'aide est l'essence même de ta nature infinie. Chaque geste, même le plus banal comme manger ou boire, est une offrande à ton temple corporel. Toi, dans ton essence, tu es complet, exempt de tout besoin. Tu es le don pur, l'émanation de l'Infini. Face à la détresse, ne te précipite pas impulsivement. Immisce-toi dans cette peine, découvre ses origines profondes. La véritable aide est celle qui illumine la compréhension.

AU-DELÀ DE L'ÉPHÉMÈRE

Bien sûr, dans le monde terrestre, offre le pain à ceux qui ont faim, offre un manteau à ceux qui frissonnent, si ton destin le permet. Ton enveloppe corporelle est éphémère, mais toi, tu es éternel. Le temps et l'espace ne sont que des représentations mentales. Rien ne peut te contraindre. Découvre et embrasse qui tu es vraiment, car cela, en soi, est le reflet de l'Éternité.

53. Vers l'éveil : *L'alchimie de l'amour, de la douleur et de la conscience*

En te plongeant dans les abîmes mystiques de la Kabbale, médite ce message :

L'UNION DES SENS ET LA DUALITÉ

Quand tu unis ton pouce et ton annulaire, comprends-tu la dualité qui s'y manifeste ? Lorsque tu focalises ta lumière intérieure sur ton pouce, il devient l'émetteur de la sensation, tandis que l'annulaire se transforme en réceptacle. Mais, si tu changes l'orientation de ta méditation, cette dualité s'inverse. Ainsi, en choisissant où focaliser ton attention, tu te fonds dans l'essence de ce que tu observes, en devenant l'émanation de ta propre conscience. Cette capacité à transcender et à s'unir à d'autres états de conscience, je l'appelle « *Ahavah* » – l'Amour. Mais certains diront qu'il s'agit de « *Daâth* » - la Connaissance. L'Amour infini proclame que « tout est Un », tandis que la Connaissance éternelle murmure que « tout est Néant ». Ta vie se meut dans ce balancement harmonieux.

L'ESSENCE DE L'AMOUR ET LA CONNAISSANCE

Car, à chaque coordonnée du temps et de l'espace, tu peux incarner soit le sujet, soit l'objet de l'expérience. Ainsi, sois simultanément tout et rien, existant au-delà des deux.

LA DOULEUR ET LA SOUFFRANCE

La douleur est une alarme physique, alertant le vaisseau terrestre qu'il est menacé. La souffrance, elle, est une maladie mentale, témoignant que l'ego, ce faux moi, craint le changement. La douleur préserve le corps, mais nul décret divin ne te condamne à la souffrance. Elle n'est que le produit de ton attachement au monde du *dimion* (imaginaire). Une vie sainte transcende la souffrance tout comme un corps sain échappe à la douleur.

TRANSFORMATION PAR LE REGARD INTÉRIEUR

Ton regard intérieur a le pouvoir de transformation. Pourtant, qu'est-ce qui obscurcit ton miroir intérieur, si ce n'est les limitations de l'intellect qui s'accroche à l'éphémère et ignore l'éternel ? En suivant ces enseignements et en concentrant ton esprit sur l'Infinie Lumière, tu éclaires les ombres de ton âme. La vraie Conscience, brillante et harmonieuse, éveille et purifie l'esprit.

LA SUBTILITÉ DE LA TRANSFORMATION SPIRITUELLE

N'attends pas de signes grandioses. Cette transformation peut être subtile, mais elle te conduit de l'ombre à la Lumière, de l'ignorance à l'éveil de la

Connaissance vraie. Ancre-toi fermement dans cette Conscience. Plonge dans sa profondeur jusqu'à ce que les voiles de l'ignorance se dissolvent, révélant la Réalité infinie.

L'appel intérieur à l'éveil

Si ton cœur ressent le besoin urgent de te découvrir, c'est un signe que ton âme est prête pour le grand voyage. Sache que l'appel vient toujours de l'intérieur. Si ton heure est venue, une force intérieure inébranlable te guidera vers l'Infinie Lumière.

54. Les voies lumineuses de la douleur et du plaisir : *Une odyssée ésotérique*

En t'immergeant dans les mystères de la Kabbale, dans les ombres lumineuses des émanations saintes, toi, le chercheur, pourrais t'apercevoir que la relation entre la douleur et le plaisir est aussi complexe et profonde que les chemins de l'Arbre de Vie.

Le mystère de la douleur et du plaisir

En observant tes moments d'extase ou d'agonie, tu discerneras que ce n'est pas l'événement en lui-même qui te porte bonheur ou malaise, mais sa position dans le grand schéma des choses. La joie n'est que la connexion entre toi, l'âme, et l'objet de ton attention.

Acceptation

L'acceptation est la clé. Si une situation trouve grâce à tes yeux, elle devient source de bonheur ; sinon, elle devient une épine. Les raisons de cette acceptation peuvent être aussi insaisissables que les mystères de l'Infini.

La dualité de l'existence

Dans la quête perpétuelle du plaisir, on fuit la douleur, négligeant que leur union est la véritable voie vers la transcendance. L'effacement de cette dualité te ramènera vers ton essence originelle, cet éclat d'Infini que tu portes en toi.

Conscience et illumination

C'est dans le tumulte du conflit intérieur entre désir et peur que l'on se découvre véritablement. Ce combat est la genèse de la colère, un voile qui masque ta véritable nature. En plongeant profondément dans la douleur et en l'embrassant, tu t'apercevras que le plaisir et la douleur ne sont que deux facettes de la même médaille.

Le passage vers la Conscience supérieure

La béatitude n'est pas le rejet de la douleur, mais l'attention totale portée à elle. Car la pleine conscience est la source ultime du bonheur. En acceptant la douleur, en la transcendant par le courage et la persévérance, tu puiseras dans un puits de joie incommensurable.

Plaisir et intellect

Le plaisir est éphémère. Ne te perds pas dans les mirages du passé ou les illusions du futur. L'Intellect, s'il n'est pas maîtrisé, te mènera vers des rivages tumultueux. Observe-le avec diligence, car il détient à la fois ta prison et ta clé de libération.

La venue de l'ère d'or

Quand les âmes éveillées illumineront le monde de leur Connaissance, leur influence transformera l'atmosphère émotionnelle du monde. Et peut-être, un nouvel âge d'or s'épanouira, aussi éphémère que l'éclat d'une étoile, mais tout aussi brillant.

Cher voyageur, puisses-tu naviguer entre ces pensées, entre ces dualités, et trouver ton chemin vers l'Infinie lumière.

55. **La pure quintessence :** *La renaissance spirituelle à travers la Sagesse éternelle*

Écoute avec ton âme et ton cœur ce que le pur Esprit doit te révéler.

La puissance transcendante de la Sagesse sainte

La Sagesse sainte, cette lueur émanant de l'Arbre de Vie, transcende tout entendement. Quand tu la cherches et l'accueilles, elle a le pouvoir singulier de bouleverser ton essence intérieure, de transformer ton âme et ta volonté, t'amenant ainsi à l'exaltation céleste par laquelle elle-même s'élève.

C'est une danse éternelle de l'âme et de la sagesse, s'élevant ensemble vers les cieux.

LIMITATIONS DES SAGESSES PROFANES

Mais sois vigilant, car toutes les sagesses ne possèdent pas cette vertu. Il y a de nombreuses voies de connaissances, ornées d'idées éthérées, mais elles ne te conduisent pas au même sanctuaire de transformation. Malgré leur éclat, elles n'ont pas le pouvoir de fusionner ton essence avec leurs enseignements sublimes. Elles te donnent des aperçus, des images, des réflexions, mais elles n'ouvrent pas les portes de l'Union mystique.

LA SOURCE DE VIE ÉTERNELLE

Car seule la Sagesse infinie, cette Eau vive jaillissant de la Source Éternelle, peut infuser en toi la véritable essence de la vie. Elle est cette force créatrice qui a façonné les cieux, posé les fondations de la terre, et elle détient la clé pour imprégner ton âme d'une nouvelle forme sainte.

LA CONFRONTATION AVEC LE SAVOIR PROFANE

Les savoirs profanes, en revanche, restent en surface. Ils n'ont pas cet éclat d'Infini, ce pouvoir régénérateur. Ils dépeignent le monde tel qu'il est, capturant la réalité à travers les lentilles de l'intellect, mais ils ne peuvent pas t'offrir la métamorphose, le passage d'une réalité terrestre à une réalité éthérée.

Appel à l'éveil spirituel

Ainsi, cher méditant, que ton cœur s'ouvre à cette Sagesse infinie, permettant à ton essence de s'élever, de se défaire des chaînes terrestres, et de s'immerger dans cette Infinie lumière, cette vie vraie qui demeure à jamais. Plonge-toi dans cette quête, et que la vraie vie illumine chaque recoin de ton être.

56. L'odyssée intérieure : *L'harmonie des âmes*

Quête de la vérité intérieure

Dans les tréfonds mystiques, lorsque tu sondes les profondeurs de ton âme, il t'est révélé une vérité : la paix intérieure est le reflet du cosmos en toi. Tu détiens cette capacité unique, toi, cher voyageur, de juxtaposer des connaissances apparemment contradictoires, de balancer des émotions discordantes et de fusionner des images opposées. Comprends bien, chaque fragment de connaissance, chaque émotion, chaque image que tu perçois, ne sont pas isolés. En réalité, ils se renforcent mutuellement, dansent ensemble dans une harmonie prédestinée.

L'harmonie des connaissances

Lorsque tu élèves ton esprit et plonges dans les arcanes de la Sagesse suprême, tes instruments spirituels se déploient et s'étendent, t'ouvrant la voie vers cette quintessence de la paix intérieure. Chaque éclat de connaissance, chaque frisson d'émotion, et chaque teinte de vision convergent pour peindre un tableau harmonieux de l'Univers. Tu es à l'aube d'une découverte, où même dans les abysses les plus obscurs, même là où le voile est le plus épais, tu discerneras une étincelle de lumière sacrée, presque comme une flamme d'une puissance infinie.

La confluence des savoirs

Face à ces paradoxes, tu te tiendras à une croisée des chemins. Il y aura des moments où tu ressentiras une tension entre deux connaissances. L'une cherchera à éclipser l'autre, tentant de la bannir dans les ombres de l'oubli. Pourtant, cher initié, sache que dans ce déni se trouve une clé : une fusion, où l'essence cachée se mêle à la lumière révélée, engendrant une Connaissance supérieure. Ce n'est pas une négation, mais une alchimie supérieure, où la lumière intérieure que tu nourris avec tant d'amour et de dévouement, construit et sanctifie même ce qui semble être son opposé.

L'alchimie des émotions et visions

Cette quête, ami chercheur, s'applique également aux tourbillons d'émotions et aux mirages de visions qui peuplent ton esprit. Car dans la profonde aspiration de ton âme, la sagesse absorbée de tous ces contrastes élargira ton horizon, te propulsant vers un sommet spirituel où règne une paix cosmique. Imagine un monde où chaque connaissance, chaque sentiment et chaque vision coexistent en harmonie parfaite, telle une symphonie orchestrée par l'Infini.

L'ÉMERGENCE DE LA PAIX ROYALE

Heureuse es-tu, âme noble, de te trouver sur ce chemin sacré. Reconnaître la Source de tout, l'Être Infini, c'est embrasser une paix royale. Baigne-toi dans cette joie profonde, chante le *Cantique des cantiques*, célèbre l'Amour infini, et sache que chaque note, chaque mot, est un écho du chant sacré écrit par le roi Salomon lui-même.

57. À la découverte de l'essence intérieure : *Un voyage au cœur de la vérité*

Chercheur de vérité, contemple la sagesse et laisse ces mots te guider dans ton introspection.

FLUX ININTERROMPU DE LA VIE

L'univers suit son propre rythme, que tu choisisses ou non d'intervenir. C'est dans l'éther même de ton existence que s'élève une tempête d'imaginaire, qui te laisse rêver de maîtrise et de contrôle. La vraie essence de la vie est dénuée de désir, c'est ton ego qui cherche sans cesse à perpétuer son existence agréable. La vie, dans son essence, est intemporelle et libre de toute peur. Si tu continues de croire que tu peux influencer chaque événement, alors la vraie libération te sera éternellement insaisissable.

LA QUÊTE DE L'ESSENCE VÉRITABLE

Arrête un instant et considère la vie comme une éternité indivisible, toujours vivante, jusqu'à ce que tu réalises l'union profonde entre toi et elle. Cela n'est pas un défi, car tu ne fais que revenir à ta nature originelle. Lorsque tu comprendras que tout émane de toi, que le monde n'est pas une projection sur toi mais une émanation de toi, alors tes peurs se dissiperont.

L'ILLUSION DE LA DISTRACTION EXTÉRIEURE

Dans ton errance, tu te perds dans les distractions extérieures : ton corps, ton esprit, même tes croyances. Ce ne sont que des voiles qui cachent ta véritable essence. Il est essentiel que tu assumes la responsabilité de ton monde intérieur, que tu examines sa création, sa préservation, et sa dissolution. Ce n'est qu'alors que tu briseras les chaînes de ton esclavage imaginaire.

QUESTIONNEMENT ET RECHERCHE DE LA VÉRITÉ

Combien de fois as-tu pris des choses pour acquises ? Questionne même l'évidence, car elle porte en elle les plus grandes illusions. Demande-toi : « *Suis-je vraiment né ?* », « *Qui suis-je vraiment ?* », « *Comment sais-je que j'existe ?* », « *Suis-je le créateur ou le créé ?* » Tant d'énergie a été dépensée à construire tes propres barrières. Utilise cette même énergie pour les abattre. Le faux s'évapore à la lumière de la vérité.

L'IDÉE DE SÉPARATION ET SON ILLUSION

La base de ton malaise réside dans l'idée du « je ». Elle est comme une barrière, te séparant de la vraie réalité. Cette idée n'a pas toujours existé en toi. C'est l'identification à ton corps qui a engendré cette illusion de séparation. Elle t'a rendu étranger dans ton propre univers, transformant ton monde en une place menaçante.

LA QUÊTE SPIRITUELLE UNIVERSELLE

Tous les chemins spirituels, quelles que soient leurs traditions, cherchent à te sauver de cette illusion de séparation. Tu ressens de la douleur, car tu te sens séparé de la véritable réalité. Pourtant, l'évasion n'est pas la solution. C'est en cessant d'alimenter ces obsessions que tu trouveras la paix. La vraie réalité, éternelle et indestructible, ne craint pas la fin des formes éphémères.

Ta quête incessante de renforcer et stabiliser ton « je » est vaine. La dissolution du sentiment de séparation est la clé. Embrasse l'être pur, et laisse l'illusion de ton « moi » s'évanouir.

58. **Les échos de l'insondable :** *Un voyage vers la véritable essence*

Voyageur spirituel, il est essentiel que tu traces ton propre chemin par l'expérience. Tu t'es si longtemps engagé dans le monde des formes, qu'elles soient matérielles ou mentales, sans réaliser qu'au-delà de cette perception, nous ne sommes ni des objets ni des pensées. Ni toi, ni moi, ne sommes réduits à la simplicité de la matière ou de l'énergie, du corps ou de l'esprit. Lorsque tu apercevras l'essence de ton véritable être, les voiles se lèveront et tu percevras la véritable nature.

VÉRITÉS ENTENDUES ET RÉALITÉS VÉCUES

Trop souvent, nous nous accrochons à des vérités entendues, mais jamais vécues. Nous acceptons comme réalité des mondes lointains, des divinités et des cosmologies, simplement parce que la tradition nous les a transmises. On nous a aussi parlé de notre identité, de notre lignée, de notre rôle dans ce monde, et nous avons rarement cherché à vérifier ces assertions. Mais sache que pour parvenir à la Vérité, tu dois briser les chaînes des illusions. Remets en question tes croyances, surtout celle qui te lie à ton corps physique. Car avec cette identification au corps, une cascade d'erreurs s'ensuit : la peur, les religions, les rituels, les militantismes tous destinés à protéger cette fausse identité.

L'ERREUR DE L'IDENTIFICATION CORPORELLE

Prends conscience que ta véritable essence ne connaît ni naissance ni mort. Lorsque cette réalisation te pénétrera, les chaînes de la peur et de la souffrance se briseront. Le *dimion* (imaginaire), dans son tourbillon, crée et détruit sans cesse, mais ce qui est réel n'est pas une création de l'intellect et ne peut être anéanti.

AU-DELÀ DE L'INTELLECT ET DU TEMPS

Fais l'effort de t'attacher à ce que l'intellect ne peut toucher. Ce dont je te parle transcende le passé et le futur, et n'est pas confiné dans le présent. C'est une réalité qui transcende le temps lui-même, une réalité que l'intellect ne peut appréhender. Cette acceptation, cette fusion avec les enseignements du maître intérieur, est le seuil de la réalisation véritable. C'est en quelque sorte la rédemption par la foi, une foi qui doit être ardente et inébranlable.

LA FOI ET LA RAISON

Mais ne te méprends pas : la foi seule n'est pas l'ultime solution. Elle est une porte, un moyen vers la réalisation. Pourtant, parmi tous les chemins, c'est le plus puissant. Certains maîtres pourraient rejeter cette notion, plaçant la raison au-dessus de tout. Mais ils ne renient pas la véritable foi, ils renient la croyance aveugle. Car la foi véritable n'est pas l'ignorance, c'est la volonté profonde de chercher, d'expérimenter et de réaliser.

59. Lumière cachée : *Mystique entre sagesse et folie*

Dans les mystérieux méandres de la mystique, toi, chercheur sincère, pourrais découvrir une vérité profonde : même au cœur de ce que l'on considère comme précieux, la folie occupe une place spéciale. Pourquoi, te demandes-tu ? Parce qu'elle est le reflet d'une lumière qui renferme la quintessence de toute sagesse, un éclat mystérieux que tu peux percevoir lors de tes méditations profondes.

LE PARADOXE DE LA FOLIE

Considère cette image, toi, aspirant à la vérité : une idée qui, aussi pure et raffinée qu'elle puisse être, ne peut jamais s'implanter véritablement dans le cœur humain. La science elle-même, malgré son désir incessant d'épurer, de clarifier, d'affiner, se trouve perpétuellement face à cette énigme. En te plongeant dans cette mer d'incertitudes, tu te confronteras à des réflexions intellectuelles et morales, à des mouvements intérieurs qui oscillent entre la vie universelle et personnelle.

L'ESSENCE DE LA FOLIE SUBTILE

Prends garde, néanmoins. Si tu négliges la valeur intrinsèque de cette folie subtile, tu risques de te détourner de la réalité suprême de l'existence, de te priver de la vitalité infinie qui coule en toi. Il est donc essentiel de comprendre que, dans sa singularité et sa délicatesse, cette petite folie est le socle sur lequel repose toute sagesse véritable, toute connaissance des arcanes, toute paix intérieure.

L'ÉNERGIE TRANSCENDANTALE

Médite sur ce point précis : ce semblant de folie est le catalyseur qui éveille l'esprit et canalise la force vitale, animant chaque action, chaque mouvement, avec une énergie et une puissance transcendantales. Ce n'est qu'en embrassant sa nature paradoxale que tu pourras véritablement ouvrir les portes de la compréhension et parfaire la valeur de ton âme, enrichir ta vie spirituelle, et harmoniser tous les aspects de ton existence.

LA PUISSANCE INFINIE

Dans cette exploration intérieure, tu te rendras compte que cette petite folie est l'essence même qui alimente le cosmos, qui pousse la Création à construire et détruire, à naître et à mourir, à bouger et à fusionner. Car à partir de cette lumière intérieure, des éclats d'intelligence, de compréhension, de poésie émanent, inondant l'âme d'une douceur surnaturelle et sucrant la vie de délices insondables.

L'éclat de l'âme

Voyageur spirituel, plonge-toi dans ce courant de vie, vibrant et palpable, puissant et dynamique. Laisse-le irriguer ton être, ressens sa force indomptable, sa puissance rugissante. Mais n'oublie jamais qu'au-dessus de tout cela plane un esprit de vie, orné de beauté, de délicatesse, d'honneur, de moralité et de grâce. En fin de compte, tu réaliseras que dans l'union sacrée de la force et de la splendeur, une vie magnifique et audacieuse peut émerger, créant des mondes pleins de beauté, de vie et de sainteté.

L'ultime révélation

Médite sur cette ultime révélation : au-delà de la dualité de lumière et d'obscurité, une lumière plus grande jaillit. Dans cette petite folie se cachent des trésors de compréhension, une intelligence lumineuse, emplie de délices éternels. Embrasse donc cette mesure, car elle est plus précieuse que toute sagesse, et dans sa simplicité, elle est le plus grand des honneurs. Toujours se souvenir : ne sois pas excessivement sage et ne te montre pas plus intelligent que nécessaire. Pourquoi te perdre ? Fais confiance à l'Être Infini et fais le bien, et tu jouiras du bonheur sur terre et te nourriras de la vérité.

60. **Lumière éternelle :** *Voyage à travers la connaissance*

Cher chercheur du sacré, tu dois comprendre la profondeur de cette vérité. Dans ton voyage à travers l'existence, tu pourrais penser que ta perception du monde, celle qui vient de ce monde ici-bas, t'offre une image complète. Mais rappelle-toi, elle n'est qu'une simple étincelle comparée à l'immensité de la connaissance qui émane de l'Infini.

PERCEPTION ORDINAIRE ET ÉSOTÉRISME

En toi réside une lumière, une étincelle de la Connaissance Sainte, directement de la Source de Vie. Ce que tu perçois dans le monde matériel n'atteint même pas un dix millième de la vérité universelle. C'est une ombre, un reflet. Seule la Sagesse qui provient de l'Infini peut t'offrir une vision claire de l'existence dans sa totalité.

L'ESSENCE DIVINE DE LA RÉALITÉ

Sache que l'essence véritable de la Réalité, celle qui transcende ce que tu vois et ressens, ne se trouve que dans cette manifestation transcendante. Tout ce qui t'entoure, tout ce que tu touches, provient de cette Source, le flux infini qui fait proliférer la vie et l'existence. La réalité que tu crois connaître n'est qu'une ombre par rapport à la majesté qui réside dans la Source Infinie.

L'INSIGNIFIANCE DE LA CONNAISSANCE MATÉRIELLE

Ta quête de connaissance, bien que noble, ne trouvera sa véritable élévation que lorsque tu te reconnecteras à cette Source sainte. C'est là que réside la Connaissance ultime, celle qui transcende toute science humaine, celle qui est ancrée dans l'éternité. Cette Connaissance n'est pas seulement intellectuelle, mais profondément spirituelle, une Connaissance de l'Être Infini Lui-même, une reconnaissance de tout à partir de cette Source universelle.

L'ILLUMINATION À TRAVERS LA MÉDITATION

Médite sur cela, aspirant spirituel. Car chaque ombre, chaque reflet du monde que tu perçois, n'est qu'une faible lueur de cette Infinie Lumière. Pourtant, il est essentiel que tu t'efforces de percevoir le monde à travers cette Lumière, de reconnaître l'acte de l'Être dans chaque moment, dans chaque particule d'existence.

ÉTHIQUE ET ALIGNEMENT AVEC LA LUMIÈRE SUPÉRIEURE

C'est là que se trouve la quintessence de ton être, l'essence même de l'existence. En cherchant cette Lumière, en te plongeant dans ses profondeurs, tu découvriras la véritable signification de la vie, la morale universelle et la bonté innée du chemin spirituel. Car c'est seulement en s'élevant vers cette Lumière sainte, en se baignant dans son éclat, que tu peux vraiment embrasser la Vérité, l'Infinie Lumière, la force créatrice de tout.

Médite, contemple et aspire à cette connexion. Dans cette quête, tu trouveras la clé de la Réalisation, la compréhension profonde et la paix éternelle.

61. Échos de la lumière éternelle : *Voyage au cœur de la mystique*

L'APPEL DE LA MYSTICITÉ

Chercheur de vérité, plonge profondément dans l'abîme des mystères de l'univers, et tu entendras l'appel vibrant de la mysticité. Lorsque ton être tout entier, comme une génération en éveil, touche à cet état d'illumination où la lumière de ton essence spirituelle cherche à s'exprimer, comprends que le superficiel ne saurait étancher ta soif ardente. Ce n'est pas dans le fini que tu trouveras la paix, mais en t'orientant vers l'Infini, cette dimension illimitée et libre. Là, tu ressentiras une extase, une connexion profonde avec l'essence même de ton âme, émanant directement de la Source intarissable de la vie.

LES SITRÉI ḤOKHMAH

Les maîtres kabbalistes t'enseignent que les *Sitréi Ḥokhmah* (mystères de la Sagesse), ces échos lointains des secrets divins, sont en quête d'être révélés à notre génération. Mais prends garde ! La quête obstinée de la satisfaction uniquement dans le manifesté risque d'affaiblir ton énergie spirituelle, de disperser ton essence et de te guider vers un désert spirituel. Dans ce lieu de vide, ton âme pourrait se sentir piégée, errant sans but, cherchant désespérément une issue.

La résilience de l'âme illuminée

Mais toi, porteur de lumière, pour qui la flamme infinie illumine chaque recoin de l'existence, ne désespère pas. Même face aux épreuves, même submergé par le doute, même épuisé par les combats incessants contre les illusions du monde matériel, ton cœur restera inébranlable. Car tu sais que les secrets les plus profonds de la Sagesse, cette connaissance pure et cette foi inébranlable, sont le salut non seulement pour toi, mais pour le monde entier, pour chaque âme errante, pour chaque être, jeune ou vieux.

L'expression de l'essence infinie

Quand le silence t'envahit et que les mots te trahissent, rappelle-toi que ton essence est un reflet de l'Infini. Même si tu peines à exprimer ton ressenti, même si les concepts te semblent échapper à ta compréhension, n'abandonne pas ton désir ardent de vérité. Aucune entrave ne saurait freiner l'élan de ton âme, car en toi réside le Verbe, cette force qui donne courage aux faibles et apporte la paix aux âmes en conflit.

La Parole du Créateur

Car le Créateur, dans Sa grande Sagesse, a dit : « *Je crée le fruit des lèvres. Paix, paix à celui qui est loin comme à celui qui est proche ! dit Yhwh. Je le guérirai !*[8] » Garde toujours cela à l'esprit, cher chercheur, et

---

[8] Ésaïe 57:19.

sache que le chemin de la mysticité t'est toujours ouvert.

L'éclat du secret : *Plongée dans les abysses de la Sagesse*

Chercheur de vérité, permets-moi de t'éclairer sur les mystères universels de la mystique.

LIMITATIONS DE LA PHILOSOPHIE

Plonge dans le monde de la philosophie. Elle ne te dévoilera que la surface du vaste océan spirituel. Par essence, la philosophie est limitée, ne touchant qu'à ce qui est visible à ses yeux. Ne te sens-tu pas, parfois, entravé par ses chaînes ? Car elle, dans son essence même, est divisée, détachée des profondeurs qui dépassent ses confins.

INTERCONNEXION DE L'UNIVERS

Pourtant, au-delà de cette surface, se trouve un monde mystique. Un espace où chaque pensée, chaque sentiment, chaque tendance, aussi infime soit-il, est relié dans la résille d'une roue cosmique. Peux-tu ressentir la manière dont ils interagissent, comment des univers entiers se tissent ensemble dans une harmonie parfaite ? La simple logique humaine ne suffit pas à comprendre cette symphonie.

LOGIQUE OPPOSÉE À MYSTIQUE

Toi, initié, sais que la logique est le domaine des élites. Mais derrière elle se cache la mysticité, celle qui transcende et s'infiltre dans les moindres recoins de l'âme. Elle voit l'unité en tout, que ce soit dans la matière ou l'esprit, dans le colossal ou le minuscule. Tout a une valeur, rien n'est superflu. Chaque souffle, chaque mouvement, chaque songe a un dessein.

La Lumière et la Source

Ne ressens-tu pas, en toi, cette aspiration vers quelque chose de plus grand ? Même face à l'éclat le plus pur, ne cherche-tu pas toujours une lumière encore plus brillante, une vérité encore plus profonde ? Car même les lumières les plus éclatantes s'obscurcissent devant la Source de toute chose.

L'Essence de la mysticité

Cette mysticité, elle est en toi. Elle unit chaque étincelle de ton être et te guide vers la Vérité universelle. Le mystère est la quintessence de ta foi, le souffle vital de la Sagesse. Il anime chaque pensée, chaque sentiment, chaque action. C'est lui qui établit l'ordre des choses, définissant ce qui est primordial de ce qui est ultime.

L'Universel dans le particulier

Dans ta quête, n'oublie jamais que l'unité du secret embrasse tout, des émotions les plus profondes aux aspirations les plus élevées. Et ce flux infini, seuls les élus, ceux baignés de la lumière prophétique et des éclats de l'Infinie Lumière, peuvent véritablement l'apercevoir. Il est en tout, dans le battement de ton cœur, dans le frémissement de ton âme.

Chercheur, ton voyage est sacré. Prends un instant pour méditer sur ces paroles, pour les intégrer, car c'est à travers elles que tu découvriras l'essence de ton être et la véritable nature de l'univers.

62. **Méditation lumineuse :** *Le présent dans l'éclat du futur*

Cher voyageur de l'âme, plonge profondément dans l'océan mystique des vérités kabbalistiques, car la clé de la Connaissance et de la Sagesse t'y attend.

Triomphe sur les obstacles matériels

Lorsque tu observes les ordres du monde, ses coutumes et conventions, tu pourrais croire qu'ils se dressent comme des barrières face aux mystères sublimes de la Sagesse. Et pourtant, sache que ton essence pure, ta nature de juste, possède la force de triompher de tous ces obstacles. Tu vis, non pas selon les normes éphémères du monde matériel, mais selon le secret infini qui réside dans ceux qui respectent et honorent l'Ineffable.

L'interconnexion du céleste et du terrestre

N'est-il pas fascinant de penser que le monde, dans toutes ses complexités, se soumet en vérité à la volonté du juste ? Même dans les moments où la lumière spirituelle semble voilée, sache qu'elle travaille pour toi en coulisses, orchestrant chaque moment en vue d'une révélation future.

LA VISION DU JUSTE ET L'ÉLÉVATION SPIRITUELLE

Les mystiques enseignent que l'Infinie Lumière, bien que souvent perçue comme étant en opposition avec le monde matériel, est en réalité son pilier. Oui, tu es cet intermédiaire entre le céleste et le terrestre. Tout autour de toi chante la gloire de l'Être Infini, et chaque vibration, qu'elle vienne du paradis ou même de l'ombre de l'enfer, élève la Création vers la sanctification.

LE PONT ENTRE LE PRÉSENT ET LE FUTUR

Toi, avec ton cœur pur et ton esprit éclairé, tu as cette capacité unique de voir le Monde-à-Venir à travers le prisme du présent. Car en vivant pleinement le moment présent, illuminé par la lumière de la Sagesse ancienne, tu crées un pont entre les mondes. En cela, tu fais descendre la grâce et la beauté du Monde-à-Venir dans ce Monde, infusant chaque instant de paix, de bénédiction et de délice infini.

Médite, chère âme, sur cette vérité : chaque créature, chaque souffle de vie, est une bénédiction. En toi coule la rosée de la vie, le nectar infini qui sanctifie et élève. Embrasse cette vérité, car à travers toi, le monde entier est béni et exalté.

63. Lumière et ombre : *La quête vers l'unité ésotérique*

L'INTERACTION ENTRE LA LUMIÈRE ET L'OBSCURITÉ

Cher étudiant de l'inconnu, tu dois savoir que dans l'immensité du monde de la connaissance, chaque élément d'information, chaque éclat de vérité, traverse des couches d'obscurité et d'illusion. Chaque éclat, à mesure qu'il se rapproche ou s'éloigne de ton cœur, est susceptible d'être voilé par des illusions. Ces ombres d'incertitude varient selon leur nature et la profondeur de ta perception.

LA COMPLEXITÉ DE LA PERCEPTION MYSTIQUE

Les mystiques affirment que lorsque tu t'enfonces profondément dans une sagesse particulière, l'ombre s'étend, obscurcissant les autres domaines de connaissance. Imagine la complexité des reflets de lumière, tels des rayons d'Infini, s'entrecroisant, se confrontant et se mêlant. Mais, aussi contradictoires qu'elles puissent paraître, ces lumières ont un point commun : leur origine infinie. C'est seulement dans la lumière supérieure, celle de l'âme étincelante, que tu peux espérer disperser ces ombres.

UNITÉ AU SEIN DE LA CONTRADICTION

Comprends, chercheur, que ces connaissances antagonistes sont comme deux rivières qui semblent s'opposer, mais qui sont en réalité nourries par une seule source. Chaque rivière, dans son courant unique, a sa propre beauté et sa propre vérité.

Lorsque ton esprit se trouve confronté à ces apparentes contradictions, médite sur le principe de l'Unité, sur la lumière qui émane des plus hautes sphères, transcendant chaque forme et chaque pensée.

La morale éthique et sa source infinie

Le cœur du mystique sait que chaque valeur morale, chaque éthique, est comme une étoile dans le ciel nocturne. Certaines peuvent sembler s'opposer ou se contredire, mais à un niveau plus élevé, elles sont toutes reliées par la constellation de l'infinie Vérité. Elles émanent toutes de la Source unique, la Source de toute justice et de toute bonté, dont le nom est : « Merveilleux ».

Le potentiel de paix et le mystère

Toi qui médites sur ces vérités, tu découvriras que plus les contradictions semblent grandes, plus profond est le potentiel de paix qui existe entre elles. Car c'est dans leur union que réside le véritable mystère de la Kabbale : le retour à leur Source infinie et la soif insatiable de puiser dans l'eau salvatrice de la Connaissance.

Encouragement et guidance finale

Embrasse ce chemin, car comme l'a dit le grand sage, « *comme de l'eau fraîche pour une âme assoiffée, ainsi est la bonne nouvelle venant d'une terre lointaine*[9]. » Et souviens-toi toujours du Nom ineffable, qui est le

---

[9] Proverbes 25:25.

lien entre tous les éléments et toutes les connaissances.

64. Le voyage lumineux : *Dialogues avec l'âme*

Chercheur de la Vérité, prends un moment pour méditer sur les enseignements cachés que je te dévoile.

L'Essence de la Sainteté Naturelle

Lorsque tu contemples la sainteté naturelle, sache que tu touches à la perspective la plus profonde et la plus authentique de notre existence. Cette sainteté se manifeste partout, à la fois dans l'universel et le particulier, dans le physique et le spirituel, dans le naturel et le miraculeux.

La Perte de la Perspective Sacrée

Mais fais attention ! Car dès que l'essence de ces perspectives commence à s'effriter, lorsque tu oublies la valeur naturelle, la constitution de la vie spirituelle, tu risques de perdre la véritable essence de ton être. Cette naturalité sainte ne provient pas seulement de la vie mondaine mais aussi de l'Esprit Infini, de la Source même de l'Existence, nichée au cœur de la Splendeur la plus élevée, là où réside le Saint des Saints.

La Chaine des Mondes

Sache que ce qui te pousse à penser, méditer, chanter et croire est le fondement même des mondes. Cette fondation est une chaîne majestueuse, longue et organisée, où chaque maillon se tient par sa relation naturelle à l'Infini. Les miracles, bien qu'extraordinaires, sont aussi naturels dans leur essence. Ils ont leur place, leur fonction, leur influence, dans l'univers, sur les âmes, les pensées et les actions.

La Vitalité de l'Âme et du Corps

En cherchant à renforcer l'énergie de ton âme, à revitaliser le fondement de ta vie spirituelle, tu suscites un afflux de vie dans chaque recoin de ton être, dans chaque aspect de la matière. Cette force vivifie ton corps, renforce le fondement de ton existence, et amplifie ainsi la lumière de ton âme.

L'Ascension de la Lumière

Lorsque l'humanité s'efforce d'exceller dans ses actes, la lumière spirituelle brille avec intensité. Quand elle se pare de sa gloire naturelle, une lumière sacrée rayonne dans le monde, et la lumière de la rédemption universelle, la vie éternelle, se rapproche inexorablement.

Cher chercheur, médite sur ces paroles, et trouve la lumière cachée derrière chaque lettre, car la clé de la Sagesse t'attend.

65. **Méditations sur l'essence de la Pensée :** *Pour l'âme en quête*

Chère âme en quête de vérité, plonge dans la mer profonde de ta conscience et réalise que chaque pensée qui effleure ton esprit est empreinte d'un ordre harmonieux. Ces pensées, même celles que tu pourrais considérer comme éphémères, sont ancrées dans un système universel de logique. Mais as-tu déjà cherché leur source ? Voyageur spirituel, cette Source est la lumière émanant de la Sagesse la plus pure.

LA SIGNIFICATION INTRINSÈQUE DES PENSÉES

Considère cette vérité : il n'y a pas de pensée sans signification, car toutes émanent du puits intarissable de la Sagesse infinie. Même ces pensées qui semblent te distraire ou t'égarer ne sont que des voiles extérieurs. Lorsque tu te concentres avec intention, tu découvres que, sous cette surface, coule un ruisseau de vie, car la Sagesse elle-même est la Fontaine de toute vie.

ÉLÉVATION PAR LA COMPRÉHENSION

Tu es un récipient, cherchant continuellement à se remplir. Ton esprit est un sanctuaire grouillant d'idées et de révélations qui, bien que parfois voilées par les illusions de ce monde, attendent d'être purifiées pour révéler leur splendeur véritable. Car le jour viendra où tout sera réparé, où tout sera restauré dans une harmonie parfaite.

LE VOYAGE DE L'ASCENSION SPIRITUELLE

Ton ascension spirituelle est un voyage sans fin vers une Compréhension plus profonde. Plus tu t'immerges dans l'essence même de la vie et de l'existence, plus tu es en mesure de discerner le cœur pur de chaque pensée, qu'elle provienne de toi ou d'autres. Et avec chaque illumination, tu t'élèves, et les pensées s'élèvent avec toi.

LES ENSEIGNEMENTS DES SAGES

Les sages mystiques t'enseignent que la vraie Sagesse réside dans l'apprentissage de chaque parcelle de l'univers, sans discrimination. Les justes les plus éclairés n'ont ni ombre ni obscurité devant eux. Ils embrassent chaque enseignement, en extrayant le sacré de l'ordinaire, fusionnant le tout dans une rotation éternelle dans l'Infinie Lumière.

LA CLÉ DE LA TRANSFORMATION

Si tu ressens une pesanteur dans tes méditations ou dans l'exploration de tes pensées, c'est peut-être parce que tu n'as pas encore révélé leur essence infinie. La clé de la transformation réside dans la révélation de cette essence. L'ultime réalisation est que le monde est suspendu à cette Lumière de l'Intellect, la sagesse fondamentale, qui rénove et revitalise sans cesse.

DÉFI ET QUÊTE DU MÉDITANT

Ainsi, cher méditant, ton défi et ta quête sont de suivre le fil d'or de l'harmonie infinie présente dans chaque pensée. En retrouvant cette étincelle d'éternité, cette marque indélébile de vérité, tu raviveras non seulement ton Intellect, mais aussi ton âme dans son intégralité.

66. Échos de l'Âme : *Voyage mystique vers l'Infinie Lumière*

Chercheur des profondeurs mystiques, écoute et imprègne ton âme de ces vérités éternelles tirées de la sève de la Kabbale.

L'ASPIRATION À LA RÉVÉLATION

Dans le sanctuaire silencieux de ton cœur, il existe une aspiration ardente, un élan à dévoiler les mystères enfouis dans les trésors de la Sagesse. Cette quête est ta boussole, orientant chaque souffle et chaque pensée vers ton but ultime : l'adhésion avec la réalité du Merveilleux qui t'entoure.

LES VOILES DE L'OBSCURITÉ

Cependant, de sombres voiles obscurcissent parfois la luminescence de ces vérités. Ces ombres, bien que cachant la lumière sacrée, sont là pour te tester. Elles cherchent à émousser ton esprit, à diminuer ta soif d'Infini et à t'éloigner de ton chemin spirituel. Mais rappelle-toi, chaque ombre n'est que la preuve d'une lumière brillant à proximité. Par le pouvoir de la méditation, perce ces voiles et revendique la lumière qui t'appartient.

ÉLÉVATION SPIRITUELLE

Plonge-toi dans les mystères de la Sagesse, et tu verras comment ils éveillent ton âme, élargissant tes horizons et affinant ton essence. En t'élevant au-dessus des tumultes terrestres, tu entends la douce mélodie d'une Voix infinie, t'invitant à te rapprocher encore.

L'union avec l'Infini

En te consacrant à cette quête, tu finis par te synchroniser avec la volonté de l'Être Infini. Une union sublime émerge, où toi et l'Univers entier résonnez dans une harmonie parfaite, prononçant ensemble le mot « Tout », qui est le symbole de l'aspiration supérieure.

Le voyage vers la Terre intérieure promise

Enfin, réalise que cet éveil spirituel est aussi un rappel de ton lien éternel avec la Terre intérieure promise. Car comme tu te rapproches des mystères infinis, l'esprit messianique guide tes pas, illuminant chaque étape de ton voyage. Les échos de sa présence, révélés par ton engagement envers les secrets les plus sacrés, te montrent le chemin pour rassembler les âmes sur sa terre bien-aimée.

Ainsi, cher voyageur, que ton cœur reste ouvert, que ta quête soit sans fin, et que chaque voile que tu lèves te rapproche un peu plus de l'étreinte chaleureuse de l'Infini.

67. Le chemin lumineux : *L'harmonie entre le visible et l'invisible*

Chercheur des vérités cachées, entre dans la lumière mystique de la Kabbale. Voici une clef pour dévoiler les secrets qui sommeillent au tréfonds de ton âme.

La Frontière du connu et de l'inconnu

Tu te tiens à la lisière du connu et de l'inconnu, là où les mystères les plus élevés s'épanouissent. Ces mystères, par leur grandeur éblouissante, bousculent l'ordre de ton intellect, ce simple outil naturel. Mais, n'as-tu pas remarqué ? Au cœur même de cette perturbation, ils offrent un renouveau à ton esprit. Une renaissance qui ne sera palpable qu'après que tu te sois plongé profondément dans les méandres de la vraie Connaissance.

Les défis du chemin

Sur ce chemin, tu rencontres d'abord la confusion, le désordre. Une résistance naturelle émerge, une aversion, surgissant des tréfonds de ton être spirituel. Elle tente de te repousser loin de l'inconnu. Mais souviens-toi, au cœur de cette résistance, un Amour pur et infini attend patiemment d'être découvert, un Amour d'une élévation sans pareil.

L'éveil de la Connaissance

À mesure que tu purifies ton esprit, un univers de connaissance s'ouvre à toi, s'élargissant et prenant vie. Et lorsque les mystères commencent à nourrir ton âme, une Sagesse intemporelle pénètre ton cœur, offrant délectation à ton esprit. La simplicité du sentiment, l'éclat pur de la beauté, tout cela te reviendra avec une luminosité supérieure, révélant des horizons que tu n'aurais jamais imaginés.

Le voyage des deux mondes

Au cœur de ces mystères, tu découvres l'essence des justes, où se rencontrent les traces d'une ancienne haine, présente avant même l'aube de la première lumière. C'est ici que tu commences à percevoir la vraie nature de la frontière entre les mondes visible et caché. Chaque entité, dans sa magnificence, interagit, se revêt et se lie à l'autre, créant un harmonieux ballet cosmique.

La fusion des opposés

Au fur et à mesure que tu avances, toute adversité, toute haine ou jalousie intérieure s'évapore, laissant place à une nouvelle réalité. Tu comprends alors que les mondes révélés et cachés, dans toute leur splendeur, peuvent coexister. Ils se fusionnent et s'entrelacent dans une danse éternelle, donnant naissance à un monde harmonieux et infini.

L'épiphanie finale

Tout autour de toi, la nature, dans ses dimensions physiques et spirituelles, s'unit pour créer une symphonie de vie. Des profondeurs abyssales aux sommets célestes, tout converge vers une seule entité, une seule vérité. Et alors, ami chercheur, les rivières de l'exaltation couleront librement, la justice fleurira et, dans une explosion de gratitude, tu t'élèveras pour louer l'Être Infini.

Marche donc avec foi sur ce chemin ésotérique, car c'est en embrassant ces vérités que tu te rapprocheras du cœur même de l'Univers.

68. Cheminements de l'âme : *Entre le voile et la lumière*

Voyageur du manifesté et du caché, sache ceci : dans les profondeurs sacrées de la Sagesse et dans les vastes océans de toute connaissance, résident des vérités qui se dévoilent en fonction de l'âme qui les sonde. Le mystère s'épanouit dans le cœur de ceux qui se risquent à l'explorer.

L'ADAPTATION DE L'ÂME

Quand tu te tiens à l'orée de la connaissance, te sens-tu prêt à embrasser les visions mystiques qui te sont offertes ? Ta délicatesse intérieure, cette flamme qui anime ton être, s'adapte et danse au rythme des vérités révélées. Et si tu t'engages profondément dans l'âme du monde et les enseignements de la Sagesse, tu découvriras que ton essence est nourrie par ces fragments de savoir qui s'accumulent en toi, formant un riche trésor spirituel.

LES ÂMES LUMINEUSES

Cependant, sois averti, chercheur de vérité : il est des âmes baignées de lumière qui ne ressentent pas le besoin de s'aventurer dans les abysses mystiques. Ces âmes, pleines d'une richesse intérieure, sont souvent repoussées par les vérités cachées, car elles ont déjà trouvé une plénitude dans leur propre lumière. Mais cette satiété, cette plénitude, peut aussi les aveugler à d'autres facettes de la réalité, les rendant vulnérables aux embûches de l'ignorance.

L'ATTRAIT DE L'ÉSOTÉRISME

À l'opposé, toi qui es attiré par l'ésotérisme, tu trouveras peut-être que le chemin du manifesté est transparent, que chaque doute se dissipe naturellement, révélant un paysage spirituel où chaque détail a son importance. Les questions élevées, celles qui grimpent les montagnes du mystère, te presseront de chercher sans cesse leurs réponses, t'encourageant à méditer sur leurs subtilités.

LA QUÊTE D'ÉQUILIBRE

Mais, combien rare est l'âme qui parvient à équilibrer le manifesté et le caché, à les tisser ensemble en une harmonie parfaite ! Pourtant, si tu observes le monde qui t'entoure, si tu reconnais la valeur de chaque côté et leur apport mutuel, une faim insatiable s'éveillera en toi. Une faim de fusionner ces deux mondes, malgré les obstacles qui se dresseront.

LES PHARES DU MONDE

Sache que ceux qui portent ce fardeau, cette aspiration à la Connaissance complète, sont les phares de ce monde. Par leur quête, ils créent des ponts entre le ciel et la terre, forgeant un nouvel univers où les opposés se rejoignent en une étreinte éternelle. Et une fois que leur vision est manifestée, les générations futures peuvent se nourrir de cette Sagesse éternelle, où la dualité devient unité, et où la vraie puissance de la Création se révèle en double mesure.

Alors, voyageur des deux mondes, puisses-tu embrasser cette quête avec courage et détermination, car en cherchant l'équilibre entre le manifesté et le caché, tu éclaireras le chemin pour ceux qui suivent, révélant un monde où la Sagesse brille de mille feux, doublée dans sa magnificence et sa profondeur.

69. **Cheminements de lumière :** *La danse ésotérique de l'âme*

ÉPANOUISSEMENT DE LA LUMIÈRE INTÉRIEURE

La lumière intérieure, celle qui réside au cœur même de ton âme, se fortifie en toi. Chaque obstacle, chaque pensée négative, chaque acte ou trait de caractère imparfait, lorsqu'ils sont écartés, permettent à ton âme de s'élever vers une volonté supérieure. C'est un chemin vers la pureté, vers la proximité avec l'Infini, et vers la finesse de l'esprit qui embrasse l'Amour pour toutes les créatures, la justice, la générosité, et la droiture.

CONDUITE VERS LA SAINTETÉ

Les actions que tu entreprends, qu'elles soient tangibles ou spirituelles, les éducations positives que tu adoptes et les bonnes habitudes que tu formes, ne sont que des moyens de dégager ces obstacles. Lorsque tu fais cela, ta lumière intérieure commence à s'épanouir, comme le soleil surgissant à travers les nuages. L'élévation spirituelle de ton âme te conduit vers une sainteté toujours croissante, t'immergeant dans l'essence de la pureté en son point le plus lumineux. Tu te sens alors en harmonie avec tout l'univers, nourrissant également son extériorité.

C'est là que tu te rapproches de l'illumination de l'Esprit Universel, où tous les mystères du monde te sont révélés, peu à peu. Avec chaque progression, la force infinie amplifie, grâce à ta bonne volonté et à celle de la communauté de cœur. C'est une force qui brise les barrières, où les petites étincelles deviennent des ruisseaux, puis des rivières, puis un déluge d'eau vive, avec un bruit semblable à celui d'un grand rassemblement, ou à la Voix de l'Être Infini lui-même.

LE POUVOIR DE LA CONNEXION

La connexion spirituelle entre toutes les créatures est telle qu'il y a de nombreux canaux qui transmettent la vie d'une âme à une autre, et à un niveau encore supérieur, toutes sont unies dans la source originelle de leur vie. Chaque élévation spirituelle que tu ressens, amplifiée par la lumière des justes, bénéficie à toutes les âmes, qu'elles en soient conscientes ou non.

LA QUÊTE DE PERFECTION

Mais, souviens-toi, cette élévation vient aussi de toi-même, et est renforcée par la profondeur de tes propres désirs. Ta quête de perfection et d'éclairage universel est au centre de ton désir. Cette lumière rayonne sur chaque âme, sur chaque esprit, sur chaque être. Elle illumine l'image infinie en chaque humain, renforçant l'unité universelle de toute vie et le fondement éternel de toutes les existences.

L'INFLUENCE DES MAÎTRES SPIRITUELS

Au cœur de cette réalisation supérieure, en méditant profondément, les maîtres spirituels, les justes purs, élèvent tout, nourrissent tout. Leur puissance réside dans leur humilité et leur bénédiction, et dans leur engagement absolu envers le bien. Avec chaque progression, chaque obstacle sur ton chemin se transforme en bénédictions. Car comme il est écrit, « *Avec les pierres des champs tu établiras une alliance, et les bêtes des champs seront en paix avec toi*[10] », et « *Ton chemin sera éclairé*[11] ». Que tout ce que tu désires et tout ce que tu envisages se réalise.

70. L'éclat mystique : *Voyage entre l'âme et la lumière éternelle*

Aspirant à la Sagesse éternelle, plonge-toi dans les profondeurs mystiques des vérités kabbalistiques et laisse-moi te guider à travers la lumière qui se révèle à chaque coin et tournant de la Connaissance.

RÉVÉLATIONS INTIMES ET UNIVERSELLES

Dans ta quête, tu rencontreras deux types de révélations. La première, intime, te parle à chaque

---

[10] Job 5:23.
[11] Job 22:28.

instant : elle se manifeste dans chaque jugement, chaque pensée logique, chaque mot prononcé, et même dans le souffle silencieux de chaque lettre. Cette révélation est comme une chandelle allumée dans une pièce sombre, éclairant chaque recoin de ton âme. Mais, au-delà de cela, il y a une révélation plus vaste, universelle, celle qui te montre l'esprit pacifique du Livre des livres, la voie de la vie, et l'ascension de l'âme. C'est comme si tout l'univers s'ouvrait devant toi, révélant sa magnificence.

Le voyage entre le particulier et le global

Parfois, dans ton voyage, tu pourrais sentir que l'universel éclipse le particulier, que le grand tout te submerge et te fait oublier les détails. Cependant, avec méditation et contemplation, tu retrouveras cette clarté particulière avec une luminosité renouvelée, percevant la vie avec une signification encore plus profonde.

La lumière dans le quotidien

Sache que ces révélations se manifestent constamment autour de toi : dans chaque action, chaque mouvement de la vie, chaque décision prise. Chaque fois que tu sers l'Infini, que tu te soumets à la Volonté universelle, tu es témoin de ces vérités. Même dans la plus humble des actions, la grandeur se révèle. Chaque détail de la vie, chaque moment, chaque sensation est une étincelle de cette Infinie Lumière, illuminant à la fois ton monde matériel et spirituel.

L'HARMONIE DES LUMIÈRES

Il y a des moments où ces étincelles brillent d'une luminosité propre, éclairant des moments particuliers de ta vie. Mais, il y a aussi des moments où elles fusionnent, créant une lumière éblouissante qui englobe tout, remplie de bénédiction. Ces étincelles, issues des mystères de la Sagesse, cherchent à s'élever, à travers chaque aspect de ton existence, chaque nourriture consommée, chaque parole échangée.

L'ÉLÉVATION DE L'ÂME

Quand tu te connectes à ces étincelles, elles te guident vers des hauteurs inimaginables, te transportant dans un tourbillon d'émotions profondes, d'imaginaires riches, et de pensées élevées et pures. Là, ton âme est élevée vers des réalités transcendantes où ton cœur, en extase, se perd dans la puissance de la vie. Dans cette joie, tu te réjouiras et exulteras devant l'Infini, car la vraie joie est de se tenir en Présence de l'éternité.

71. Lumière intérieure : *La quête de l'âme*

L'OUVERTURE À LA SAGESSE

Toi, cher chercheur de vérité, lorsque tu t'ouvres à l'illumination du Pur Esprit, tu touches en un instant, sans le moindre effort, aux mystères de la Sagesse la plus profonde. Cette Sagesse englobe des merveilles, comme le paradis céleste, la beauté incomparable, la sainteté infinie, les bénédictions infinies, l'Amour éternel et la force incommensurable.

La révélation des mondes

Il t'est révélé des mondes, de leurs hiérarchies, dans un ordre harmonieux, tels qu'ils se manifestent dans l'âme. Tu prends alors conscience que ton essence, ton âme, provient de cette harmonie cosmique. Ton don, cette vision sacrée qui émane de toi, te pousse à te consacrer sans relâche aux mystères de la Sagesse. Tu t'adonnes à elle, non pas pour de vaines gloires, mais pour la Sagesse elle-même, dans sa plus pure expression.

L'élévation spirituelle

Chaque fois que tu perfectionnes ta forme spirituelle, en puisant dans ces éclats d'Infini, tu grandis, tu t'illumines et tu t'élèves spirituellement. En procédant ainsi, tu n'es pas seul. Tout l'univers, tous les mondes et toutes les âmes qui y résident, quelle que soit leur échelle, s'élèvent avec toi. À travers toi, le Nom ineffable de l'Infini rayonne et se magnifie.

La résonance universelle

Tes prières, ces émanations de ton cœur, montent, se dirigent vers leur source infinie, et là, elles trouvent l'oreille attentive de l'Être Infini. Tes désirs, ces échos profonds de ton âme, prennent forme et se manifestent.

La manifestation des désirs

Lorsque l'Infinie Lumière brille sur ton chemin, elle illumine chaque aspect de ton être, purifiant et élevant ta nature morale. Chaque action, chaque pensée, chaque sentiment devient le reflet de cette pureté infinie. À mesure que cette lumière grandit, une force nouvelle jaillit, transformant tout sur son passage.

L'agent de transformation

En toi, se réalise la quête sacrée des justes, celle qui touche à la lumière des mondes. Des âmes merveilleuses, venues d'au-delà des voiles, sont attirées par ta lumière, cherchant à renouveler la vie, à sanctifier le profane, à purifier les souillures de l'âme.

Dans cette grande rotation cosmique, tu collectes et harmonises les lumières et étincelles infinies, transmutant la matière, élevant le spirituel, jusqu'à ce que même le plus dense des éléments soit élevé vers la lumière. Tu deviens le canal, l'agent de transformation, la main qui relie le ciel et la terre.

72. Le miroir de la connaissance ésotérique : *Une odyssée de l'âme*

L'Essence intérieure et la connaissance supérieure

Toi, chercheur des mystères cachés, comprends que la véritable essence de l'univers réside en toi. Dans ton être profond se manifeste l'apparition originale, l'essence pure et indivisible de toute la sagesse spirituelle supérieure.

La richesse intérieure et sa manifestation

Lorsque tu observes profondément, c'est toi qui donnes vie à cette connaissance, l'illuminant de ton essence, la faisant émerger des racines les plus profondes et les plus élevées de ton âme. Ne te perds pas dans les détails superficiels, car en plongeant profondément, tu découvriras une abondance subtile et une sagesse vivante dans chaque particule de ta réalité.

Le jeu mystique de la révélation

Mais sois conscient, cher voyageur de l'inconnu, que cette richesse intérieure reste souvent cachée. Elle se ramifie, se divise, jouant à un jeu mystique de cache-cache avec toi, se dévoilant seulement lorsque tu es prêt à la voir. Si tu attendais passivement cette révélation, tu serais privé de la progression spirituelle, de la morale et de la sagesse pratique qui façonnent ton monde.

L'appel profond de l'âme

Ton désir ardent, cette flamme qui brûle en toi, ne te permettra pas de rester stagnant. Tu sens en toi un appel, un besoin de chercher plus, de comprendre plus. Cette aspiration, issue des profondeurs de ton être, te connecte à la Source infinie. Dans cette quête, tu réaliseras que tout est interconnecté, que tout est équilibré dans un jeu d'harmonie et d'unité.

L'harmonie cosmique et l'unité de l'Infini

La grandeur et la simplicité, tout comme la lumière et l'obscurité, ne sont que des facettes du même diamant de la réalité. Elles travaillent ensemble, cherchant à réparer et à unifier le cosmos. À mesure que tu t'éveilles à cette réalité, tu ressentiras la convergence des précieux Noms, *Yhwh* et *Adonaï*, se mêlant en toi, indissociables et éternels.

L'épanouissement spirituel à travers la Sagesse

Lorsque tu te plonges dans la douce mélodie de la Sagesse, tu ressentiras un flux croissant d'Infinie Lumière, une énergie qui purifie, rafraîchit et renouvelle ton esprit. Cette source d'abondance infinie n'attend que toi pour être découverte. Alors, toi, l'âme courageuse, sous l'ombre protectrice du Tout, laisse-toi nourrir par cette Sagesse infinie, bois à la source des délices éternels, et fais l'expérience de la bonté et de la justice qui illuminent ton chemin.

La quête de la Vérité ultime

Marche avec foi et détermination, car en cherchant, en méditant, en plongeant profondément dans les mystères, tu te rapprocheras de la vérité ultime, où tout est unifié dans la Lumière de la Connaissance.

73. Lumière dans l'Ombre : *L'Éveil de l'Âme*

Chercheur de lumière, plonge dans les abysses de ton âme. Dans ces profondeurs, tu découvriras des pensées nimbées de brumes, qui bien qu'apparaissant obscures et énigmatiques, naissent en réalité du sommet le plus élevé de la Vérité universelle. Ces pensées, elles constituent la trame de ton existence, la structure même de la vie qui t'anime.

Les pensées trompeuses

Pourtant, il existe en toi d'autres pensées, celles qui semblent plus limpides, plus accessibles. Mais méfie-toi, car leur clarté est trompeuse. Nées d'une lumière moins intense, moins authentique, elles risquent d'éclipser ton monde, de t'éloigner de la vérité profonde. Dans ce voyage intérieur, tu dois constamment te rappeler de chercher la lumière pure, celle qui repose au-delà des ténèbres apparentes, plutôt que de te laisser ensorceler par l'illusion de la clarté.

Tentation de l'illusion

Mais, combien de fois as-tu été tenté de suivre ces pensées brillantes mais éphémères ? Elles se présentent avec une assurance trompeuse, prétendant détenir la vérité absolue, se drapant de justice. Mais ne te laisse pas leurrer. Leur lumière est diminuée, détachée de la Source lumineuse suprême de la Vérité éternelle. Elles peuvent sembler prévaloir pour un temps, mais sache que leur règne est éphémère.

Révélation de la Vérité

En toi, la Vérité ultime cherche toujours à se révéler, à briller à travers les ombres. Quand viendra ce moment de révélation, même les voiles les plus épais s'évanouiront, et la vérité cachée sera mise à jour. Dans cet éclat soudain, même les yeux autrefois aveuglés par l'illusion verront la réalité. Le cœur des humbles sera rempli de Joie sans cause, et ceux qui se sont égarés trouveront la voie de la rédemption.

GUIDANCE DU MAÎTRE INTÉRIEUR

Souviens-toi, chère âme, que la présence du Maître intérieur, est là pour te rapprocher de la Source, pour guider ton cœur vers une union sacrée, pour rétablir le lien entre les générations passées et futures. Ainsi, en te perdant dans la méditation profonde des mystères kabbalistiques, tu te trouveras, et tu illumineras le monde d'Infinie Lumière.

74. La Lumière des révélations et l'éclat des images

L'ESSENCE DE LA RÉVÉLATION

Chercheur de la Vérité, comprends ceci : Lorsque la révélation spirituelle se présente à toi, elle ne vient pas pour occulter le monde tangible et ses merveilleuses images. Au contraire, elle est là pour t'illuminer, te montrant une relation plus lumineuse, plus authentique, avec le monde qui t'entoure, rendant chaque interaction plus subtile et libre.

LES ÉCHOS DES MONDES PERDUS

Dans ton voyage spirituel, tu pourrais ressentir la douleur et l'émerveillement, émanant des échos des mondes perdus, ces mondes qui résident en toi, dans les profondeurs de ton âme. Avant chaque nouvelle révélation, il y a une phase de renouvellement, une renaissance spirituelle. Mais, adepte, sache que cette élévation que tu ressens ne découle pas de la destruction de ce qui a été, ni de l'oubli des anciennes connaissances. Elle est plutôt l'addition, une superposition des vérités nouvelles sur les anciennes, construisant un pont entre le passé et le présent.

L'ÉLÉVATION ET LA CONTINUITÉ

Toute la vitalité de ton existence, l'essence de ton être, le trésor de sagesse que tu accumules, et même les émotions les plus profondes qui te traversent, tout cela persiste. Chaque expérience, chaque prise de conscience, ajoute de la vigueur à ton sanctuaire intérieur, te propulsant toujours plus haut dans ton ascension spirituelle. Lorsque tu te plonges dans la méditation profonde, tu peux ressentir un tremblement initial, comme une peur sacrée, pure et intérieure. C'est le choc du souvenir des mondes anciens, un rappel des vérités oubliées.

MARCHER DANS L'INFINI

Mais, avec persévérance, une nouvelle révélation émerge, une qui s'élève sur les fondations de la précédente, issue de cette même peur, purifiée et transformée en Amour infini. Alors, lorsque tu marches sur le chemin de la Vérité, tu découvres le Jardin d'Éden en toi, sans crainte ni effroi. Tu comprends que tu n'es pas seul ; la Présence divine est toujours avec toi, te guidant, t'aimant.

LA SAINTETÉ UNIVERSELLE

Et ainsi, cher adepte, en toi, chaque particule, chaque émotion, chaque pensée, s'élève vers sa Source infinie. Tout en toi et autour de toi, vibre au diapason de la sainteté. Car dans la grande rotation cosmique de l'univers, chaque élément, chaque instant, est un reflet de l'Infini, une étincelle sacrée, éternelle et lumineuse.

75. L'ascension de l'âme : *Voyage mystique*

RECHERCHE DE LA VÉRITÉ ÉSOTÉRIQUE

Chercheur de vérité, tu te tiens à la lisière des mystères éternels, là où l'Inconnu te convie. Des énigmes profondes se déploient devant toi, tellement denses que les connaissances élémentaires de la vie et du monde risquent d'en voiler la pure lumière. Mais, en toi réside une clé unique, celle de l'Intellect supérieur, qui peut déverrouiller ces secrets. Pour entrevoir la vérité de ces mystères, tu dois dépasser et laisser derrière toi les distractions du monde matériel et spirituel qui te retiennent.

MÉDITATION ET LIBÉRATION DES ILLUSIONS

Lors de tes méditations, imagine-toi libéré des chaînes du monde tangible. Éloigne-toi des illusions des branches luxuriantes de la vie, de ses idéaux fugaces. En renonçant à ces illusions, tu élèveras ton âme, la préparant à toucher les sommets de la connaissance ésotérique, cette sagesse ancienne cachée dans les tréfonds du monde mystique.

Ascension spirituelle et richesses intérieures

Lorsque, enfin, tu atteindras ces stratosphères de la pensée kabbalistique, une profusion de richesses spirituelles se déversera en toi. Avec cette Sagesse, tu reviendras parmi les mortels, doté d'une force renouvelée, prêt à guider tes semblables à travers les dédales des existences finies.

L'écho des vérités anciennes

Sur ce chemin initiatique, de précieux dons t'attendent, des éclats de vérités anciennes, tels que ceux révélés aux prophètes, aux sages et aux poètes à travers les âges. Telle une antenne, tu capteras ces échos d'Infini, selon ta propre élévation spirituelle, en te tenant à la croisée des mondes, où la réalité connue se dissipe.

Périodes d'errance et de transition

Mais sois vigilant, âme en quête, car des périodes d'errance peuvent survenir. Des moments où tu te trouveras suspendue, ni tout à fait dans le monde tangible, ni totalement immergée dans les hauteurs spirituelles. Ces instants, bien que troublants, sont essentiels à ta transformation.

Évocation de l'Infini dans l'adversité

Lorsque la douleur de cette transition semblera insurmontable, élève ton cœur et ton esprit dans un cri désespéré vers l'Infini. Car c'est dans ces moments de fragilité que l'Infini te répondra le plus puissamment, te guidant hors de l'obscurité, te montrant la voie lumineuse de la vérité. Embrasse alors cette lumière, trouve le repos pour ton âme, et marche avec assurance, baigné de l'amour et de la grâce éternels.

76. Ascension et descente : *Le voyage secret de l'âme*

L'APPEL AU CHERCHEUR

Chercheur des mystères divins, entends l'appel des anciens et contemple cette vérité ésotérique qui s'est révélée à toi. Dans l'infini roulement de la Création, tu as la possibilité de gravir les échelons célestes ou de plonger dans les abysses terrestres, et cela dépend de la voie que tu choisis d'emprunter.

LA VOIE ASCENDANTE DE LA RÉALITÉ TANGIBLE

Lorsque tu commences ton voyage depuis les mondes les plus tangibles, depuis les réalités simples de l'existence humaine, tu touches la matérialité de ton être, les sensations qui émanent de ton corps et les émotions qui affluent de ton âme. C'est une exploration qui commence par la logique de ton esprit. À mesure que tu progresses, tu connectes les points, reliant chaque cause à son effet, chaque niveau à son supérieur, cherchant constamment la lumière. Et finalement, dans cette quête, tu te trouveras face à une Révélation suprême, une source de Sagesse infinie et de connaissances sacrées.

L'étreinte céleste de la révélation supérieure

Mais, noble âme, il y a aussi une autre voie, moins empruntée, qui commence par une révélation d'en haut. Imagine les trésors cachés des émanations suprêmes se déversant sur toi, baignant ton essence dans une pureté et une sainteté sublimes. Les vagues de ton âme, dans cette étreinte céleste, se renforcent et te poussent à puiser à cette source de pureté suprême. Par cette approche, la lumière descend vers toi, illuminant chaque recoin de ton être, chaque pensée, chaque émotion, chaque sensation.

La convergence des deux chemins

Sache alors que ces deux chemins, bien que distincts, ne sont pas mutuellement exclusifs. Ils reflètent la dualité de l'univers : la lumière qui descend et celle qui monte, la lumière directe et la lumière réfléchie. Et parfois, dans des moments rares et bénis, tu peux être témoin de la convergence de ces deux courants lumineux, opérant simultanément avec une force impétueuse, où les deux sources se mêlent et se fondent dans une danse subtile de sainteté, de pureté, de beauté et de gloire.

L'éveil du Pur Esprit et la célébration

Dans ces moments, ressens l'effervescence du Pur Esprit qui s'éveille en toi, t'incitant à chanter joyeusement et à célébrer l'Infini. Car tu es béni, toi qui trouves sa force dans cette quête, avec un cœur ouvert, prêt à embrasser les mystères de l'univers.

Que ta quête te guide vers l'illumination et la compréhension ultime.

77. **Harmonies célestes** : *Voyage au cœur de la mystique*

LA FRONTIÈRE DE L'INVISIBLE

Chercheur des vérités infinies, tu te tiens à la frontière de l'invisible, où le travail subtil de l'âme échappe souvent à la perception humaine. Mais dans ton cœur, sens-tu cette essence infinie, cette nature qui dépasse la compréhension ordinaire ? La Kabbale, ancien et mystérieux chemin, te dévoile que l'apparente simplicité du travail spirituel est la plus profonde des révélations. Elle est la clarté dans le complexe, la lumière dans l'obscurité.

LA RÉALITÉ SPIRITUELLE INTÉRIEURE

Plonge profondément dans ton être intérieur et découvre que, malgré la subtilité des impressions spirituelles, elles portent une réalité qui façonne ton existence. Tout comme le tangible et le matériel, le spirituel a sa place, gravé dans le sanctuaire de ton âme. Ce que tu ressens, ces impressions, ne sont pas de simples échos ; elles ont une structure, une harmonie, un ordre saint en toi.

L'HARMONIE DES MONDES CÉLESTES

Réfléchis et réalise que l'intimité de ton être est un cosmos infini, un miroir des mondes célestes. Devant toi se déroulent les mystères de l'univers, attendant que tu les explores. Lorsque tu harmonises ton esprit, que tu ordonnes ta pensée et alignes ta réalité avec les sphères, tout dans ton monde intérieur trouve sa juste place, tout s'apaise dans une danse silencieuse de sérénité.

La sagesse et l'ordre

La sagesse des maîtres te rappelle que ta pensée supérieure, celle qui est connectée à l'Infini, embrasse tout, du plus grand concept au plus infime détail. Tout est lié, tout est en symbiose, tout aspire à un ordre. Par ton écoute attentive, tu reçois les murmures du supérieur, ces messages délicats qui guident et nourrissent ton âme.

Écoute et réception

Chaque affinement de ton écoute, chaque ouverture de ton cœur, amplifie ton bonheur, déversant sur toi un torrent de plaisirs subtils. Imagine cette perfection, cette délicatesse, cette bénédiction infusant chaque fibre de ton être. Ton désir ardent, ton aspiration la plus profonde, est d'atteindre le summum des hauteurs spirituelles, de réaliser le dessein sacré inscrit dans le grand plan suprême.

La quête éternelle de vérité

Le sceau de cette vérité est partout autour de toi, dans la sagesse que tu acquiers, dans la droiture de ton chemin, dans les vertus que tu cultives. Embrasse ce travail infini, cette quête éternelle, car c'est de cette source sacrée que tu puiseras la vie véritable, celle qui éclaire et transcende.

78. La quête de la lumière : *La lumière Directe et la lumière Indirecte*

INTRODUCTION À LA QUÊTE MYSTIQUE

Chercheur de vérité, plonge dans les profondeurs de ton être et découvre les mystères des Lumières Directe et Indirecte. Dans la grande sagesse de la Kabbale, ces lumières représentent la connaissance infinie qui éclaire ton chemin.

LA LUMIÈRE DIRECTE : SOURCE DE SAGESSE

La Lumière Directe est celle qui jaillit en toi. Lorsque tu te tournes vers l'Infini, tu la ressens comme une cascade de connaissances, descendant du précédent vers le suivant, un flux continu de Sagesse qui t'envahit et t'éclaire. Dans la méditation, cette lumière te guide, éclaire ton chemin, et te rapproche de la Vérité ultime. Elle est claire, libre et vaste, illuminant chaque coin de ton esprit avec sa bonté pure.

LA LUMIÈRE INDIRECTE : RETOUR À L'ORIGINE

En revanche, la Lumière Indirecte symbolise le retour à la source, le désir ardent de ton âme de gravir les échelons mystiques pour rejoindre l'Infini. Elle requiert effort et dévotion, car elle monte du fini vers l'Infini, des connaissances les plus terrestres vers les vérités célestes. Elle te pousse à remonter le courant, à chercher activement et consciemment, afin de te reconnecter à la Source infinie. Là où la Lumière Directe coule avec aisance, la Lumière Indirecte demande une détermination inébranlable.

La fusion des lumières

Dans la foi que tu portes en toi, ces lumières ont leurs rôles distincts. La Lumière Directe t'oriente avec assurance, te dirigeant sans détour vers les vérités éternelles. Elle est l'écho de la vérité universelle, te remplissant de sainteté et de dévotion. Cependant, la Lumière Indirecte, bien que plus exigeante, renforce ton âme. Elle élargit ta perspective, te poussant à approfondir ta compréhension, à embrasser pleinement les mystères.

L'interdépendance des lumières

Au cœur de ton voyage spirituel, rappelle-toi que ces deux lumières sont complémentaires. Tandis que l'une te remplit, l'autre t'appelle à t'élever. Elles fusionnent, se rejoignent, tout comme les eaux d'un océan mystique où l'abîme répond à l'abîme.

Conclusion et évocation

Et en méditant, cher voyageur de l'âme, que ces deux lumières te guident, t'inspirent et te conduisent vers l'éveil ultime. Que dans ton cœur résonnent les chants des anciens, te rappelant la beauté et la profondeur de la quête spirituelle à laquelle tu es dédié.

79. Les échos de la lumière intérieure : *Méditations sur la sagesse et l'équilibre*

L'INITIATION À LA SAGESSE CACHÉE

Chercheur de la Vérité, permets-moi de te révéler un mystère que seuls les initiés de la Kabbale peuvent comprendre dans toute sa profondeur. Dans le vaste océan de la connaissance, où chaque perle de sagesse est plus précieuse que les trésors des rois, se trouve une petite et discrète naïveté. Cette petite naïveté, curieusement, renferme une lumière étincelante capable d'éclairer les abysses les plus sombres de la compréhension.

LA CLÉ DE LA COMPRÉHENSION

Ton cœur, tel un réceptacle de l'Infini, peut parfois se troubler devant l'incompréhensible. Mais sache que c'est dans cette minuscule pointe de naïveté que se trouve la clé de la grande Sagesse. Elle est le prisme à travers lequel toute connaissance est magnifiée, raffinée, et transformée en une lumière éblouissante.

LA VALEUR DE LA NAÏVETÉ

Cher initié, ta quête ne sera pas vaine si tu reconnais la valeur de cette naïveté. Car en la reconnaissant, tu ouvres la porte à une force qui peut à la fois construire et détruire, arracher et planter, fusionner et séparer. C'est cette force, issue de la matière la plus brute et la plus solide, qui, lorsqu'elle est canalisée par ton intelligence et ta réflexion, devient le véhicule de la sainteté la plus pure et de la lumière la plus radieuse.

L'ÉLAN VITAL DE L'UNIVERS

Quand tu médites sur cette vérité, tu ressens peut-être une poussée irrésistible, un élan vital qui coule en toi, puissant et intense. C'est l'énergie de l'univers, brutale mais sacrée, qui s'écoule en torrents impétueux, cherchant à se frayer un chemin vers la lumière. Lorsque tu te connectes à cette énergie, tu te baignes dans la Splendeur et la Grâce, et tu ressens la *Shekhinah*.

L'HARMONIE DES DUALITÉS

N'oublie jamais, cher initié, que dans le grand ordre cosmique, même les opposés se rejoignent. La force et la majesté, la sagesse et la naïveté, toutes ces dualités s'unissent pour former une symphonie harmonieuse de la Création. Des mondes emplis de beauté, de sainteté et de gloire se manifestent à partir de cette danse divine.

LA QUÊTE DE L'ÉQUILIBRE

Ainsi, en embrassant même la plus petite des naïvetés, tu te rapproches de la lumière la plus éclatante. Le sage kabbaliste sait que dans l'équilibre entre la sagesse et la naïveté se trouve la clef de la vie éternelle. C'est pourquoi, en toute humilité, je t'implore : ne sois ni trop juste, ni trop sage. Trouve ton équilibre, fais confiance à l'Infini et laisse-toi guider par la foi. Car en fin de compte, c'est dans cette union que tu trouveras ta véritable essence et la paix éternelle.

80. **Voyage éthéré** : *Échos de la Sagesse et danses de l'âme*

Voyageur du cosmos intérieur, toi qui sondes l'infinité de la pensée, permets-moi de te guider dans cette quête d'illumination.

L'EXPANSION DE LA CONSCIENCE

Étends ta pensée, non seulement en longueur et en largeur, mais aussi dans les abysses insondables de la profondeur et les sommets éthérés de la hauteur. À l'image sainte de l'Arbre de Vie de la Kabbale, que chaque *Sefirah* t'éclaire et te guide dans ton voyage.

LE VOYAGE INTÉRIEUR

Ne te limite pas à la surface. Plonge dans les détails les plus subtils, dans l'essence de chaque chose, dans la plus fine des finesses. Car c'est dans ce détail que réside l'Univers infini. Voyage d'une extrémité à l'autre, de la petitesse à la grandeur, de l'individuel à l'universel. Comprends que chaque fin est un nouveau commencement, et chaque commencement n'est qu'une étape vers une fin.

L'ÉLAN DU CŒUR

Laisse ton esprit s'envoler des hautes sphères éthérées de l'idéalisme jusqu'aux racines terrestres de la matérialité. Mais souviens-toi, comme le phœnix, de toujours revenir, car la véritable compréhension réside dans le mouvement continu, dans cette danse rotative entre le ciel et la terre.

La vie dans sa splendeur

Vis avec une Joie sans fin et une Joie sans cause, car tu es à la gloire du Nom Ineffable. Lorsque tu exprimes le Nom et cherches la lumière supérieure, tu ressens une soif qui n'est pas de ce monde. Remplis-toi de ce nectar d'Infinie Lumière, loue l'Infini, mais avec une révérence sainte qui te rappelle ton humble place dans cet Infini.

L'union sacrée

Dans le silence, trouve l'harmonie avec l'Infini. Accomplis les combinaisons sacrées des lettres, car à travers elles, ton être entier résonnera avec le chant des sphères. Sens le Royaume des cieux se rapprocher de toi, alors que ta propre lumière intérieure s'élève pour rencontrer la Gloire suprême.

La célébration cosmique

Ton âme, puissante et vibrante, est une mélodie dans la grande symphonie de l'existence. Lorsque tu te réjouis, le ciel et la terre partagent ta joie, transformant les ombres en lumière, invitant les être célestes à chanter en harmonie avec toi.

La Gloire éternelle

Et, dans cet état d'extase, entends l'écho de la Création : « *Béni soit la Gloire infinie de Son grand Nom !* » Car il est caché, mystérieux et éternel, transcendant toute existence. Puisses-tu toujours t'élever pour atteindre cette bénédiction éternelle, guidé par la sagesse de la Kabbale.

81. Sur le chemin de l'unification : *Une quête d'harmonie intérieure et universelle*

L'INTERSECTION DES RÉALITÉS

Chercheur de vérité, tu te tiens à l'intersection de la matérialité et de la spiritualité. Tu sens, n'est-ce pas, cette dualité en toi ? Tu perçois distinctement un pan de la réalité : soit matériel, soit spirituel. Ce que tu comprends, tu le chéris, mais ce qui échappe à ta perception, tu as tendance à l'écarter, à le repousser, à le considérer comme indigne d'exister dans ton univers.

LA DUALITÉ HUMAINE ET SES CONSÉQUENCES

Comprends, initié, que ce n'est pas une faiblesse mais une tendance humaine. Cette même tendance qui a façonné les âges, influencé les masses, et défini les générations. Tout ce qui se situe en dehors de ton cercle d'expérience, tu le vois comme une menace, quelque chose à détruire ou à écarter. C'est ainsi que naissent les conflits, les mésententes et les malentendus. Ils surgissent non seulement dans les dédales de la société, mais aussi dans les profondeurs labyrinthiques de ton être intérieur. Les émotions que tu ressens, parfois en contradiction, se battent pour la dominance. Une pensée bienveillante peut être chassée par un mépris soudain, une affection tendre peut être éclipsée par le dédain.

Vers l'harmonie intérieure

Mais, disciple de la lumière, il existe une voie vers l'harmonie. Le mystique sait que le véritable équilibre est atteint lorsque le cœur et l'esprit ne font qu'un. Quand l'amitié véritable ne s'estompe pas face aux tempêtes émotionnelles, quand le sentiment d'une beauté universelle éclaire l'âme et dissipe les ténèbres.

Le rôle des maîtres spirituels

Sache que les grands maîtres, les véritables Justes, ces gardiens de l'unité, ont toujours cherché à restaurer cette paix. Ils ne se contentent pas de trouver la paix en eux, mais aspirent à la diffuser dans le monde, tel un rayon de lumière s'échappant d'un prisme pour illuminer tous les méandres de l'obscurité. En toi réside cette même aspiration, cette même capacité.

Contemplation et union avec l'Infini

Contemple donc, voyageur du mysticisme, la grandeur de la Création. Dans chaque détail, chaque souffle, chaque pensée, trouve l'écho de l'Infini. Saisis les fils ténus de la vie matérielle et tisse-les avec les aspirations spirituelles les plus élevées. Regarde au-delà des illusions, transcende les divisions superficielles, et embrasse l'unité profonde qui se cache derrière toutes choses.

L'APPEL À L'HARMONIE UNIVERSELLE

Car, en fin de compte, invoquer le Nom Ineffable, la Source d'unité, c'est chercher à devenir un reflet vivant de cette harmonie parfaite, à chaque instant de ton existence. Et dans ce voyage, sache que tu n'es jamais seul. La sagesse ancienne de la Kabbale t'accompagne, te guide et t'illumine à chaque étape.

82. Le voyage de l'âme à travers les lettres subtiles

L'ÉVOCATION DES MONDE SACRÉS

Voyageur de l'âme, permets-moi de te révéler les mystères insoupçonnés des Noms saints. Comme le suggère l'ancienne Sagesse, tu es l'expression de ces lettres subtiles qui prennent forme et se manifestent, émanant de lointaines dimensions spirituelles. Ces mondes, si éloignés et pourtant si proches, sont emplis de pensées pures, de reconnaissance infinie, d'une lumière étincelante, et d'une clarté profonde. Même si ta sagesse est vaste et profonde, ils restent des mondes de mystères pour toi.

LA DANSE DES LETTRES DU MERVEILLEUX

Lorsque ces lettres saintes, portées par le souffle de l'éternité, s'approchent de ton être, elles fusionnent avec ton essence, déployant leur énergie pas à pas, étape par étape. Prête l'oreille à cette symphonie intérieure, écoute la voix de la Pensée infinie qui chuchote à ton âme. Et, dans ce murmure silencieux, tu verras se former des formules lumineuses, des sentences célestes qui peindront en toi un univers de paroles saintes.

L'émanation d'Infinie Lumière et la Parole

Ce monde intérieur, émanant de l'Infini, descend jusqu'à toi, pénétrant chaque fibre de ton être. Il exhorte les instruments de ton expression, donnant vie à ta parole, faisant vibrer tes lèvres en une volte mystique. Lorsque tu parles, c'est le miracle de la Création que tu prononces, et ce prodige éternel demeure en toi, éternellement fascinant.

La lumière et la force des lettres

Ces lettres, lorsqu'elles se dévoilent à toi, convergent vers le centre même de ta pensée, embrassant l'entièreté de la vie qui se trouve dans cette pensée expansive. Elles rayonnent de lueurs merveilleuses, d'une lumière supérieure qui dépasse toute définition, tout signe. Chaque lettre que tu prononces est emplie d'une force vitale, d'une puissance qui transcende, se connectant à la Source infinie, où coulent toutes les richesses de l'univers.

L'essence mystique des Noms

Oui, tu détiens en toi les merveilles des Noms, les secrets de la vie, les forces qui façonnent l'existence. Dans le scintillement de ces lettres merveilleuses, l'Infini se dévoile, étincelant de sa magnificence. N'oublie jamais que, derrière chaque mot, chaque lettre, se cache l'éternité de ton Nom infini. Plonge-toi dans cette méditation, et le voile des mystères se lèvera peu à peu devant toi.

83. La lumière de la connaissance mystique en toi

La quête intérieure de la connaissance mystique

Toi, cher chercheur, dans le profond de ton cœur, sais-tu que la connaissance mystique est la clé qui ouvre la porte à l'illumination spirituelle universelle ? Elle réside non seulement autour de toi mais aussi en toi, pulsant à travers chaque battement de ton cœur. Les saints, ces êtres élus, ont marché avant toi, empruntant le chemin de la pureté et de l'inspiration. Mais ne vois-tu pas ? Toi aussi, tu es digne. Tu es destiné à fusionner, dans les abysses de ton être intérieur, avec cette essence spirituelle qui transcende tout.

La révélation lumineuse de la méditation

Lorsque tu médites sur les vérités cachées, chaque révélation qui te parvient est comme un rayon lumineux d'une source éternelle. Imagine-toi un torrent brillant, une prise de conscience suprême qui ajoute vitalité et vigueur à ton essence. Cette énergie est une émanation qui peut parfumer le monde entier, une fragrance qui évoque le parfum des êtres éthérés.

La source d'illumination

Dérive, si tu veux, vers les textes sacrés de la Sagesse. Laisse ces mots illuminer ton esprit. Elle est cette étincelle d'Infini qui relie le monde spirituel à celui de la matière, mêlant le moment présent à l'éternité, l'acte à l'intention, le soi à l'univers. À travers cette connaissance, des faisceaux de lumière jaillissent, touchant et revitalisant tout sur leur passage. Ils conservent une pureté qui transcende la compréhension humaine.

L'union avec la vérité éthique

En t'immergeant dans cette introspection profonde, une vérité éthique s'impose à toi. Elle te demande de t'unir, de te connecter à cette source mystique. Car tu as la capacité de capter, d'absorber la lumière omniprésente, celle qui réside en chaque âme. Elle te guide, te sculpte et, à travers toi, elle rayonne, illuminant les coins les plus sombres.

Devenir le canal de l'Infinie Lumière

Chaque étape que tu franchis, chaque souffle que tu prends, est empreint de cette force infinie. Tu deviens alors un canal, un messager spirituel, servant la volonté supérieure, agissant en harmonie avec les lois universelles. Là, dans cette symbiose, tu trouves ta force, réveillant ceux endormis dans l'ignorance, donnant vie à ce qui semble perdu.

L'élévation et la transformation spirituelles

Alors, élève-toi, âme sacrée, car en toi se trouve le pouvoir de la transformation. Invoque le Nom de l'Infini, laisse ton cœur chanter la mélodie de la vie, et reconnais le don précieux qui t'a été accordé :

vivre, célébrer et s'élever, toujours plus haut, dans l'adhésion à l'Infini.

84. Gardien de la Langue sainte des mystères

INTRODUCTION À LA LANGUE DES MYSTÈRES

Toi, aspirant mystique, sache que la Langue des mystères est cette langue élevée qui t'est révélée lors de méditations profondes. Elle te parle directement, transmettant la vérité la plus pure, sans détour ni compromis. Comme un phare dans la tempête, cette langue nécessite ta protection vigilante. Pourquoi, demandes-tu ? Afin d'éviter que la lumière précieuse de la foi ne s'obscurcisse, ne s'écarte de son essence infinie.

LA NÉCESSITÉ DE PROTÉGER LA VÉRITÉ

Imagine un instant que, depuis les royaumes célestes où la lumière originelle brille intensément, tout ce lien sacré avec la Vérité plonge profondément. Il se dirige vers les recoins inférieurs du monde matériel, où règne souvent le mensonge. Dans ces bas-fonds, les illusions se font passer pour des vérités, trompant les âmes non averties. Quelle tragédie que de voir la fausseté déguisée en vérité, acceptée sans remise en question !

LA CONSTRUCTION DE LA DEMEURE INTÉRIEURE

Chercheur de vérité, ne sois pas dupé par ces contrefaçons. Car baser ta quête spirituelle sur de tels mensonges, c'est risquer de perdre ta connexion avec l'Infini. Sache que la construction de ta demeure intérieure est une tâche sacrée. Tout comme tu protègerais un balcon des dangers en y plaçant une balustrade, protège ton cœur et ton esprit des fausses doctrines. Pour ta propre sécurité, pour la beauté de ton voyage spirituel et pour la prolongation de tes jours dans la Lumière et la Vérité.

L'APPEL À LA MÉDITATION PROFONDE

Dès lors, plonge-toi dans les enseignements saints, médite sur les paroles des maîtres kabbalistes. Car, comme ils le disent, chaque mot, chaque lettre, demande à être interprétée, réfléchie et intériorisée par ton âme en quête de Vérité.

85. Immersion dans les secrets profonds

LA NATURE DES CONNAISSANCES ÉSOTÉRIQUES

Toi, chercheur de vérité, sache que les connaissances les plus sacrées et ésotériques ne cherchent pas à s'épanouir de manière expansive parmi les êtres humains. Ces sagesses secrètes n'aspirent pas à être connues de tous, car la profusion peut détourner la vérité de son essence. Si nombreux sont ceux qui effleurent seulement la surface de ces mystères, comprenant leurs formes extérieures, leur cœur reste caché, et cette compréhension superficielle peut s'avérer plus préjudiciable que bénéfique.

L'ÉLÉVATION SPIRITUELLE ET L'INFLUENCE SILENCIEUSE

Dans le voyage intérieur que tu entreprends, sois conscient que ces connaissances sont réservées à ceux qui possèdent une capacité spirituelle innée, une vision transcendante. Ces âmes rares, par leur élévation, ne transforment pas le monde par des actions visibles, mais plutôt par l'essence même de leur présence. Bien qu'ils gardent les mystères cachés, la puissance de leur lumière intérieure imprègne tout, influençant chaque regard, chaque mot, chaque mouvement. La source même de la volonté et le cours de la vie sont touchés, sanctifiés, renforcés et illuminés.

L'ÉVEIL DU MONDE PAR L'ESSENCE SAINTE

Médite sur l'influence, voyageur spirituel. Elle n'est pas simplement une propagation de doctrines à travers des enseignements explicites. Quand tu embrasses et préserve ta nature intérieure, le monde entier s'élève, se connectant à cette essence sainte qui est le trésor de l'humanité. Les visions des prophètes, bien que profondes, ne sont que des reflets par rapport à la profondeur de l'action intérieure de l'âme.

LA PROPHÉTIE ET L'ILLUMINATION INTÉRIEURE

Lorsque tu te plonges dans les eaux profondes de la méditation, tu entends les échos de la prophétie. Alors que certains parlent de monter à la montagne sacrée, de chercher la guidance divine, la véritable illumination vient de la Sagesse intérieure. Écoute, et tu entendras la promesse ancienne : « *Si tu écoutes vraiment, si tu gardes la connexion, tu seras un joyau précieux parmi toutes les âmes, éclairant le monde, servant de guide et de lumière sanctifiée.* » Embrasse ces mots, car ils sont le chemin tracé pour toi et pour tous ceux qui cherchent la vérité profonde.

86. **Au cœur de l'Infini mystique**

INVITATION À LA RÉVÉLATION MYSTIQUE

Chercheur des vérités éternelles, permets-moi de t'éclairer sur la voie des mystères profonds. En toi réside une reconnaissance subtile, une lumière qui se base sur la clarté intérieure de la Puissance infinie. Comprends-tu vraiment la portée de ton potentiel illimité, la vastitude de cette puissance qui s'étend au-delà des confins de la réalité connue ?

LA PERCEPTION DE LA LIMITE

Quand tu observes le monde extérieur, tu peux percevoir des limitations, des restrictions. C'est une manifestation de la tendance à restreindre cette puissance infinie qui réside en toi. Ces limites que tu perçois ne sont-elles pas le reflet des conditions que ton esprit révèle ? Mais souviens-toi, même dans ces moments d'apparente limitation, il n'y a pas de frontière à ta capacité intérieure, à la richesse des mystères qui attendent d'être dévoilés.

L'ŒUVRE DES MYSTÈRES

La main invisible des mystères agit en toi. Elle sculpte et façonne ton destin, te guidant à travers les ombres et les lumières de ta quête spirituelle. En sondant les profondeurs de ton âme, tu découvriras une liberté cachée, un pouvoir qui transcende les limites visibles et qui t'appelle à embrasser une maîtrise intérieure sans égale.

LA QUÊTE DE LA LIBERTÉ SPIRITUELLE

Le mystère supérieur qui se trouve en toi cherche constamment à s'exprimer, à étendre la portée de ton cercle intérieur. Ne te sens-tu pas parfois entravé par des lois invisibles, des codes éthiques qui semblent limiter ta liberté spirituelle ? Ces barrières ne sont que des illusions, des épreuves que ton âme doit surmonter pour accéder à des niveaux supérieurs de conscience.

LA RICHESSE DE LA SOURCE INTÉRIEURE

Les sources de Sagesse qui coulent en toi produisent des fruits d'une valeur inestimable. Elles nourrissent l'esprit du monde, enrichissent ton essence profonde et insufflent la vie dans chaque recoin de ton être. L'alliance sacrée de la Sagesse, cet éclat de sainteté qui résonne en toi, n'est-elle pas le témoignage de cette alliance éternelle entre l'humain et l'Infini.

LA CONNEXION ÉTERNELLE AVEC L'INFINI

Chère âme, souviens-toi toujours que tu es un serviteur de la Lumière. Libéré des chaînes de la servitude, tu as reçu la promesse d'une liberté sans fin. Ne te laisse jamais asservir par les illusions de ce monde. Plonge profondément dans la méditation, explore les mystères de la Kabbale, et laisse ton esprit s'élever vers les sommets de la vérité ésotérique.

87. L'écho de l'âme : *Voyage au cœur de la mystique*

DESTINATION ÉSOTÉRIQUE

Chercheur des mystères profonds, permets que je t'éclaire. Lorsque, après maintes et maintes quêtes, tu ressens au plus profond de toi-même cette inébranlable certitude que ton âme ne trouve sa paix qu'en sondant les mystères saints de la Sagesse, reconnais alors que l'univers t'a façonné pour cette noble mission. Dans ce voyage ésotérique, que ni les distractions du monde matériel ni celles du domaine spirituel ne te détournent de la quête de cette source d'où émane ta vie et ta véritable essence.

LA MISSION DE L'ÂME

Médite sur ceci : ta réalisation personnelle est non seulement une voie vers ton propre salut, mais elle renforce également l'équilibre universel et apporte une harmonie à la Création tout entière. En élevant ton âme, en l'alignant avec la Volonté suprême, tu deviens un pilier, un canal d'inspirations pour de nombreuses âmes. Par ta lumière, l'harmonie universelle est restaurée et les flux de vérité pure inondent les coins et recoins de l'existence.

LE GUIDE DE L'HUMILITÉ

L'humilité, voyageur spirituel, est ton guide. Même si ton esprit est assailli de questions sur les exigences terrestres, sur la gestion du quotidien, sur la maison, la société, et même les autres dimensions de la Sagesse, sache que tout trouve son équilibre quand ton cœur est en harmonie avec sa source infinie. En te connectant à ces lettres du Merveilleux, celles qui résonnent spécifiquement avec ton âme, tu ouvres des portails de Sagesse et de Compréhension.

Connexion avec la source infinie

Mais, toi qui cherches, prends garde : ne te laisse pas égarer en cherchant des sources qui ne sont pas authentiquement tiennes. Ne vagabonde pas d'un extrême à l'autre en quête d'un repos éphémère, car un être déraciné de sa véritable source est semblable à un oiseau errant, perdu loin de son nid. Toujours, fais en sorte de fortifier ta foi en le Créateur, en l'Architecte de ton âme. C'est en te plongeant dans cette singularité, cette pureté d'intention, que tu trouveras ce que ton cœur cherche véritablement.

Providence et dévotion

Repose-toi, dans les profondeurs de la méditation, sur la conviction que même les phases d'errance sont orchestrées par la Providence pour ton bien ultime. Tout ce qui t'arrive, même ce qui semble éloigné, est une partie du vaste et mystérieux dessein de l'Infini. Bien que tu puisses, à certains moments, te sentir submergé par l'effort et le labeur, souviens-toi : c'est dans ce travail dévoué et ce dévouement à l'Infini que les justes trouvent leur plus grande joie.

88. L'éveil du cœur à la Lumière Infinie

INTRODUCTION À LA QUÊTE MYSTIQUE

Toi, chercheur de vérité, plonge-toi dans les mystères profonds de Sagesse de la Kabbale. Dans ta quête, tu découvriras que la pureté ultime de cette connaissance peut éveiller en toi des pensées qui, bien qu'elles puissent te sembler conjecturales, sont en réalité des étincelles de la vérité éternelle.

LA PURETÉ DE LA TRADITION KABBALISTIQUE

La clarté que tu cherches, sa vérité, réside dans une tradition inaltérée. C'est le chant sacré de cette Sagesse. Réfléchis un instant : sais-tu discerner le certain du supposé ? L'authenticité de cette connaissance est plus profonde que les abysses les plus obscurs. La supposition intellectuelle, aussi séduisante soit-elle, ne saurait égaler la certitude de l'âme.

NAVIGUER DANS LA CONNAISSANCE ÉSOTÉRIQUE

Tu te demanderas peut-être comment naviguer dans cet océan de connaissances. Mais rappelle-toi, âme pure, que bien que tu puisses te noyer dans les conjectures, la confiance en la Kabbale est ton ancre. Elle t'offre une communion intime avec les sages d'antan, ceux qui ont marché aux côtés de Josué, de Moïse, des patriarches, et même avec le premier homme, Adam. Ils ont tous reçu la même Lumière Infinie, irradiant directement de la Source suprême.

Connexion avec les anciens sages

Et quand tu approfondiras ton étude de la Sagesse, tu deviendras semblable à une source intarissable. Les flots de cette source sont alimentés par des pensées renouvelées, élevant constamment ton être vers la tradition céleste. Dans cette union sacrée de connaissance et d'intuition, tu donneras naissance à des âmes illuminées, remplies d'une vie sainte et rajeunissante. Ces âmes, par leur simple présence, ont le pouvoir de transmuter les ombres du monde en lumière éclatante.

Éveil et illumination spirituels

Alors, disciple de la Sagesse cachée, permets à ton cœur de s'ouvrir pleinement à cette lumière. Elle éclaire non seulement ton chemin, mais aussi le monde qui t'entoure. Dans cette danse sacrée avec la Kabbale, tu deviendras un phare d'espoir et de lumière pour tous ceux qui cherchent la Vérité.

89. L'éveil de l'âme : *Voyage mystique à travers la Sagesse véritable*

L'illumination par la Sagesse véritable

Chercheur de la vérité, sache que la sagesse véritable, qui émane du souffle infini du Pur Esprit, est prête à illuminer les profondeurs de ton être. Dans cette quête, il te sera révélé que tous les univers, avec leurs mystères et leurs merveilles, s'illuminent à la lumière de la pureté de la conscience. Mais attention, car dans ces révélations célestes, l'imagination humaine peut parfois te tromper et te faire ressentir une faiblesse corporelle. Cette sensation n'est qu'une étape, une immersion profonde avant l'ascension vers les sphères supérieures.

L'ascension et la pureté de l'esprit

N'oublie pas, toi qui cherches, que la seule manière d'élever ton monde intérieur, ce monde d'images et de pensées, est de te connecter à la grandeur de la Conscience. Dans ta méditation, trouve refuge dans le service saint, où la révérence intérieure, pure et authentique, te guidera vers les sources cachées de la Sagesse. Lorsque tu te plongeras dans cette Sagesse, non seulement tu éloigneras les faiblesses physiques et les illusions, mais tu découvriras aussi des courants de force infinie, qui te guideront vers la radiance du Pur Esprit.

La découverte joyeuse des mystères sacrés

Quelle sera la Joie incommensurable que tu ressentiras lorsque les mystères sacrés de la Sagesse s'ouvriront à toi ! Ton cœur, dans toute son étendue, vibrera aux échos des vérités supérieures. Ces vérités transcendent la logique et les limites étroites de la compréhension humaine, t'offrant un espace de liberté et de connaissance illimitée.

La connexion avec l'essence infinie

La Joie qui émane de cette Sagesse est unique. Alors que la connaissance humaine a ses limites, servant parfois à démystifier les illusions qui t'entravent, la Sagesse véritable te remplit d'une Joie pure, débordante, te montrant le miroir brillant de ton âme éternelle. Médite sur ces vérités, et trouve dans la Sagesse l'illumination suprême, la connexion avec ton essence infinie, telle qu'elle a toujours été destinée à être.

90. La quête lumineuse : *Échos de l'âme éveillée*

L'ÉVEIL PAR LES ARCANES DE LA SAGESSE

Chercheur de vérité, au seuil des mystères occultes, lorsque tu plonges dans l'étude des arcanes de la Sagesse, tu peux te sentir submergé par l'intrication des liens qui relient chaque détail. Même si l'essence fondamentale semble échapper à ta compréhension initiale, sache qu'il est impératif de visualiser comment chaque pensée, chaque image, émane d'une source spirituelle sublime, celle du Pur Esprit. Ces fragments de vérité, que l'Être Infini a nommés, te guideront. Ils forment une chaîne sacrée, qui, avec dévotion, te mènera aux éclats transmis directement sur le mont Sinaï.

LA SAGESSE INFINIE ET L'EXPANSION INTÉRIEURE

Dans ce voyage, par la force pure de ta foi et la profondeur de ta méditation, une lumière resplendissante s'éveillera en toi, illuminant le chemin des justes. Laisse-toi envahir par cette compréhension intérieure qui se déploiera sans cesse. Car rappelle-toi, c'est de l'Infinie Lumière que provient la Sagesse véritable, c'est d'elle que jaillissent la connaissance et le discernement.

Plongée profonde dans la Kabbale

Au cœur des profondeurs abyssales des secrets infinis, tu réalises que ta raison humaine, si évoluée soit-elle, ne peut saisir pleinement ces mystères. Ces vérités te sont transmises par le biais de la Kabbale, un savoir ancestral partagé par des âmes illuminées, baignées par la lumière de l'Infini. Embrasse leurs paroles, prépare-toi avec humilité, et tu découvriras cette méditation profonde qui ancre ces enseignements sacrés en toi.

L'harmonie entre raison et mysticisme

À mesure que tu progresses, tu trouveras ces concepts mystiques devenant aussi clairs que la raison naturelle. C'est une union sacrée entre toi, la connaissance et la force véritable de la Kabbale. Chaque instant de cette quête te rapprochera de la sensation de pureté et de joie, telle qu'elle a été ressentie lors de la révélation sur le mont Sinaï. Et à chaque étape, sache que l'éclat de cette lumière sera différent, adapté à ton niveau d'ascension spirituelle.

91. Voyage lumineux : *La quête de l'âme à travers les voiles d'illusion*

Chercheur de l'Infini, plonge-toi dans cette réflexion mystique.

AU-DELÀ DES ILLUSIONS DE L'EXTÉRIORITÉ

Toi, qui te tiens à la frontière du connu et de l'inconnu, sais-tu combien les pensées issues de la superficialité du monde peuvent te tromper ? Même celles qui scintillent de profondeur peuvent masquer une illusion intérieure. Le monde, dans sa vaste étendue, se meut souvent dans ces mirages. Mais toi, éveillé du cœur, détenteur d'une lumière intérieure, tu as la capacité de pénétrer ces voiles. En méditant profondément, en plongeant dans les eaux de la mystique, tu peux déchirer ces illusions avec la force de ta spiritualité. Et à chaque fois que tu marques le monde de ton empreinte, une nouvelle lumière jaillit, révélant les joies sacrées qui se cachent sous l'illusion.

LA FOI DU MYSTÈRE ET LA QUÊTE DE L'UNICITÉ

Toi, avec cette capacité unique de percevoir l'invisible, de ressentir les échos des mondes cachés, vit intensément cette foi ésotérique. Ce qui se manifeste à toi n'est que l'ombre de ce mystère, éclairé par le flambeau de ta sagesse intérieure. Sache que chaque âme possède une compréhension secrète, une étincelle qui lui est propre, intrinsèquement liée à son essence unique. Cette étincelle ne peut être reproduite ni expliquée. Elle est ton trésor, ta lumière intérieure. Dans la pure tradition kabbaliste, il est dit : « *Chaque juste vit par sa propre foi* ». C'est de cette foi brillante et inébranlable que tu tireras la force pour voyager à travers les royaumes célestes, où les âmes des sages se mêlent, enrichissant ta quête spirituelle. Laisse cette foi s'écouler hors de toi, comme des rivières d'eau vive, s'étendant à partir de la mer infinie de la foi, cachée au plus profond de ton être. Embrasse cette source inépuisable, car de là où elle provient, elle te guidera toujours.

Conclusion

La sagesse, cette précieuse émanation de la Source, possède davantage d'éclats de l'Infinie Lumière que l'univers ne compte d'étoiles scintillantes. Chaque fragment de cette connaissance est comme un rayon d'une lumière céleste, guidant l'âme à travers les ombres de l'existence terrestre.

Toutefois, tout livre, aussi riche soit-il, a une fin. Ce recueil de pensées et d'enseignements ne fait pas exception. Il doit, à cet instant, s'arrêter. Pourtant, n'oubliez jamais que le chant de la Sagesse ne s'achève jamais vraiment. Il continue de vibrer, silencieux mais puissant, au plus profond du cœur de chaque lecteur. Ce chant est un éclat d'Infini, une mélodie intemporelle qui résonne au-delà des mots et des pages.

Il appartient désormais à chacun d'entre vous, chers lecteurs, de poursuivre cette mélodie. De la laisser inspirer votre âme, guider vos pas, et illuminer votre chemin. Car, même si ce livre s'achève, la quête de sagesse, elle, reste éternelle. Et il appartient à chacun de vous d'en écrire la suite, avec le pinceau de votre propre expérience, sur la toile de votre vie. Que la lumière de la Sagesse éclaire votre chemin, aujourd'hui et toujours.

BIBLIOGRAPHIE DE L'AUTEUR

- *Spiritualité de la Kabbale*, 1986 (épuisé).
- *Kabbale et destinée*, 1986/1994 (épuisé).
- *Lumières sur la Kabbale*, 1989 (épuisé).
- *Kabbale extatique et Tsérouf : Techniques de méditation des anciens kabbalistes*, 1993.
- *Vie mystique et Kabbale pratique : Angéologie et pratiques théurgico-magiques dans le Shiour Qomah, la Merkavah et la Kabbalah Maâssith*, 1994.
- *Le Séfer Yetsirah : Le Livre kabbalistique de la Formation*, 1995.
- *Le Grand-Œuvre de Jonas : Traduction du Séfer Yonah commentée à la lumière de la Kabbale et de l'Alchimie*, 1996.
- *L'Alphabet hébreu et ses symboles : Les 22 Arcanes de la Kabbale*, 1997.
- *La Voix du corps : Introduction à la Bioherméneutique, Sagesse thérapeutique des kabbalistes*, 2002.
- *Paroles de nombres : Méthode simple et pratique de décodage des mots et des noms par leurs équivalences numériques*, 2003.
- *Abécédaire du Langage des Animaux - Symboles, messages et influences*, 2004.
- *Dictionnaire encyclopédique de la Kabbale : Kabbale, kabbalistes, livres et terminologie*, 2005.
- *Les mystères de la dent*, en collaboration avec Gérard Athias, 2009.
- *La Voix des maux : Les messages des maladies dévoilés par leurs racines hébraïques*, 2010.
- *Le Trône de Joie : Vers la Présence et la réintégration de la Joie sans Cause*, 2015.
- *Kabbale et couleurs : Les mystères des nuances de la Lumière*, 2016.
- *Le coffret ABC des Lettres hébraïques - Le livre + les 22 cartes d'Othioth*, 2017.
- *Aboulâfia – La Quête du kabbaliste, Roman biographique*, 2019.
- *La kabbale à la lettre - Épistoles 2013 à 2019.*
- *Racines hébraïques usuelles : Morphèmes bilitères et trilitères de l'hébreu*, 2020.
- *Dictionnaire de Guimatria : Valeurs numériques des termes hébraïques en usage dans la Kabbale et la spiritualité*, 2020.
- *Guélyana, l'Apocalypse dévoilée : Le Livre de l'Apocalypse à la lumière de ses sources araméennes*, 2021.
- *La Kabbale à la lettre, épistoles de 2020 à 2021.*
- *Le Verger des paraboles – Tome I*, 2023.

- *Les sefiroth, symboles et attributs*, 2023.
- *Les 72 noms du Nom : Les mystères du Shém haMeforash*, 2023.
- *Conversations sefirotiques*, 2023.
- *Éclats d'Infini*, 2023.
- *Les Mondes de la Kabbale*, 2024.

TRADUCTIONS DE L'HÉBREU EFFECTUÉES PAR GEORGES LAHY

- *Les Portes de la lumières, Shaâréi Orah, Joseph Gikatilla*, 2003.
- *Le livre des paraboles, Séfér hamashlim, Joseph Gikatilla*, 2022.
- *Ésh metsaréf, le feu de l'alchimiste – Traduction et annotations*, 2006.
- *Les Assemblées initiatiques du Zohar – Traductions et annotations*, 2006.
- *Le Livre du Signe, Séfer haOth*, Abraham Aboulâfia, *2007.*
- *La Lampe divine, Nér Élohim,* Abraham Aboulâfia, *2008.*
- *Divorce des Noms, Guét ha-shémoth,* Abraham Aboulâfia, *2009.*
- *Vie du Monde à venir, Ḥayyé haÔlam haBa,* Abraham Aboulâfia, *2019.*
- *Le Livre du Désir, Séfér haḤéshék,* Abraham Aboulâfia, *2023.*
- *Textes de la Kabbale provençale médiévale : Le Livre de la Contemplation et le Livre de la Source de Sagesse, 2019.*
- *Péréq Shirah : Ode à la Création, 2019.*
- *Les Portes de la Justice : Shaâréi Tséddéq,* Nathan ben Saâdiah Harrar, *2021.*

TRADUCTIONS DES LIVRES DE GEORGES LAHY

Anglais

- *The Work of Jonah: The Book of Jonah according to Kabbalah*, 2020.
- *Abulafia – The Kabbalist's Quest*, 2023.

Italien

- *Sepher Yetzirah. Il libro della formazione*, 2006.
- *L'alfabeto ebraico. I ventidue arcani della qabalah*, 2008.
- *La voce del corpo, la saggezza terapeutica dei cabbalisti*, 2009.
- *Qabalah estatica e Tseruf*, 2012.
- *Il trono della gioia*, 2017.
- *Esh Metsaref. Il fuoco dell'alchimista*, 2014.

- *Abulafia : La ricerca del cabalista*, 2019.
- *Vita mistica e Cabala pratica: Angelologia e pratiche teurgico-magiche nel Shi'ur Qomah, nella Merkavah e nella Qabalah Maassith*, 2020.
- *Le radici delle malattie: I messaggi delle malattie rivelati dalle loro radici ebraiche*, 2020.

Espagnol

- *Los 22 Arcanos de la Kabbalah : Los Símbolos de las Letras Hebreas*, 2006.
- *Kabbalah Extática y Tseruf : Técnicas de meditacion de los antiguos cabalistas*, 2011.
- *La Vos del cuerpo*, 2009.

Printed in Poland
by Amazon Fulfillment
Poland Sp. z o.o., Wrocław
26 April 2024

e0fb16c3-6f95-4d87-86e2-9ab7b7e17632R01